NOTION PRESS

India. Singapore. Malaysia.

Published by Notion Press 2024

Cover Design by Vidisha Pandey

ISBN **979-88-95192-66-5**

Made with ❤ on the Notion Press Platform

www.notionpress.com

सात समुन्दर पार

सात समुन्दर पार

अमेरिका यात्रा-वृत्तांतों के स्मृति-सेतु

डॉ. आरती 'लोकेश'

NOTION PRESS

11 सितम्बर 2001

ट्विन टॉवर्स, वर्ड ट्रेड सैंटर, मैनहट्टन न्यूयॉर्क

में हुए समस्त शहीदों को समर्पित

चलो घूमें अमेरिका

रिफ्लेक्टिंग पूल

व्हार्फ़ डिस्ट्रिक्ट

यू.एस. कैपिटॉल बिल्डिंग

लायब्रेरी ऑफ़ काँग्रेस

एयर एंड स्पेस म्यूज़ियम

मेरीलैंड यूनिवर्सिटी

5. **न्यू जर्सी**

बाल्टिमोर बंदरगाह

प्रिंस्टन यूनिवर्सिटी

6. न्यू यॉर्क

टाइम्स स्क्वैयर

रॉकेफ़ेलर सेंटर

ब्रायंट पार्क

चेलसी मार्केट

ग्रांड सैंट्रल टर्मिनल

हडसन रिवर पार्क

हाईलाइन

द वेसल

डम्बो मार्केट

ब्रुकलिन ब्रिज

मैनहट्टन ब्रिज

एम्पायर स्टोर

ब्रुकफील्ड प्लेस मॉल

लेडी लिबर्टी

बर्लिंगटन मॉल

असेम्बली स्क्वैयर

बोस्टन पब्लिक गार्डन

बोस्टन कॉमन

द फ़्रीडम ट्रेल

आयरिश हंगर मैमोरियल

क्विंसी मार्केट

फ़ेनेल हॉल

क्रिस्टोफ़र कोलम्बस पार्क

कोंस्टेलेशन व्हार्फ़ कोंडोस

यू.एस.एस. कॉन्स्ट्यीट्यूशन

मैसाचुइसेट्स इंस्टीट्यूट ऑफ़ टैक्नोलॉजी

चरैवेति चरैवेति

प्रकृति ने जैव प्रजातियों को भिन्न-भिन्न क्षमताएँ दी हैं। कोई प्राणी भूमि के अंदर रह सकता है, कोई जल के अंदर, कोई थल में रहता है तो कोई नभ में विचर सकता है। सीमित भौतिक क्षमताओं के बावजूद मानव अपने बुद्धिबल के आधार पर अपनी प्राकृतिक सीमाओं पर विजय पा चुका है। पंख होते तो भी हमें पृथ्वी के वायुमंडल तक ही सीमित रखते लेकिन मानव उसके पार जाकर, अनंत ब्रह्मांड की परतें खोल रहा है। हम टिककर बैठने वाले प्राणी नहीं हैं। मननशील मानव सब कुछ देखना और समझना चाहता है, वह प्रकृति के अद्भुत रहस्यों का आनंद लेना चाहता है। वह अपने जैसे, और खुद से अलग प्राणियों को देखना, सुनना, और समझना चाहता है। जीवन आनंदमय है, आनंद है, और देशकालिक वैविध्य का अनुभव करना, और बाँटना उस आनंद का एक महत्त्वपूर्ण अंग है।

सृष्टि में सब कुछ चलायमान है। मनुष्य हों या अन्य चर-प्राणी, गति की कोई सीमा नहीं है। अपने सीमित परिप्रेक्ष्य में भले हम धरती-माता को टैरा-फ़र्मा कहें या अचला, पृथ्वी समेत समस्त ब्रह्माण्ड चलायमान है। ऐतरेय ब्राह्मण में चरैवेति सूक्त का उपदेश ब्रह्माण्ड की इसी नैसर्गिक प्रवृत्ति का द्योतक है। हमारे सितारे गर्दिश में हैं, और हम भी। मानवता का इतिहास यात्राओं का इतिहास है। भारतीय साहित्य में भी आदिकाल से भारत और भारतेतर धरा का, और तत्कालीन समाज का विस्तृत विवरण है। भारतीय संस्कृति में वानप्रस्थ, और वनवास सहजता से अंतर्निहित हैं। वाल्मीकि रामायण से रामचरितमानस तक, और मेघदूतम् से घुमक्कड़ शास्त्र तक भारतीय साहित्य में यात्रा के तत्त्व यत्र-तत्र बिखरे पड़े हैं। प्रकाश मनु जी ने एक बार

कहा था, "अच्छे यात्रा-वृत्तांत पढ़कर मुझे हमेशा एक पवित्र गंगास्नान की सी अनुभूति होती है, जिससे मन कुछ और निर्मल हो जाता है, चेतना पर पड़े हुए मैले आवरण हट जाते हैं, और भीतर आत्मा में एक दीया सा जल उठता है।" सचमुच, अच्छे यात्रा वृत्तांत हमें प्रवाह देते हैं। वे हमें अपने साथ बहा ले जाते हैं।

महाभारत के यक्षप्रश्न का संदर्भ लगभग हर भारतीय को ज्ञात है जिसमें मन की गति को सर्वाधिक गतिवान बताया गया है। मुझे लगता है कि यक्षप्रश्न आज भी अनुत्तरित है। मन सबसे गतिमान नहीं हो सकता। यदि मन का विस्थापन शून्य है तो उसकी गति भी शून्य ही होगी, "आता और न जाता है मन, यहीं पड़ा इतराता है मन।" मन को चलायमान करने के लिए शरीर को हिलाना, हिजरत करना, घूमना-फिरना ज़रूरी है। देशाटन, प्रवास और उनके बहाने मिले विविध-अनुभव हमें परिपक्व भी करते हैं और तृप्त भी। यह परिपक्वता हमारे जीवन के हर क्षेत्र में प्रस्फुटित होती है, हमारे साहित्य में भी।

हिंदी घुमक्कड़ी साहित्य के अग्रणी राहुल सांकृत्यायन का कथन है- "भारतीय स्त्रियाँ रास्ता निकाल रही हैं। आज वे सैकड़ों की संख्या में इङ्गलैण्ड, अमेरिका तथा दूसरे देशों में पढ़ने के लिए गई हुई हैं।" साथ ही उन्होंने एक प्रश्न भी किया है, "इतिहास में तो कहीं स्त्री की साहस-यात्राओं का पता नहीं मिलता।" फिर वे खुद ही इसका उत्तर देते हैं, "यदि पिछला इतिहास उनके पक्ष में नहीं है, तो आज की तरुणी अपना नया इतिहास बनाएगी, अपने लिए नया रास्ता निकालेगी।" उनकी उक्ति को आरती जी ने प्रस्तुत यात्रा वृत्तांत में पुष्ट और परिमार्जित किया है।

भौगोलिक रूप से अमेरिका भारत से लगभग तीन गुना बड़ा है, अनेक समय-क्षेत्रों में विभक्त है। अलास्का मुख्य भूमि से अलग है तो हवाई तो बहुत ही दूर है। भारत जैसा रेल नेटवर्क तो यहाँ नहीं है, पब्लिक ट्रांस्पोर्ट भी कोई बहुत अच्छा नहीं है। यद्यपि अच्छी कारें, अच्छी सड़कें, और वायु-सम्पर्क इन कमियों की कुछ हद तक पूर्ति कर देते हैं तो भी पूरा अमेरिका घूमना एक दीर्घकालीन परियोजना होगी क्योंकि आधुनिक प्रगति के काल में भी यह दूरियों का देश है। एक समय में आप

एक छोटा क्षेत्र ही देख सकते हैं। आरती लोकेश के यात्रा वृत्तांतों की इस पुस्तक 'सात समुंदर पार' में उनकी उत्तर-पूर्वी अमेरिका की यात्रा के स्मृति-सेतु संकलित हैं। इस संकलन के सुंदर चित्र, प्रामाणिक विवरण, और जीवंत प्रस्तुति इस पुस्तक को महत्त्वपूर्ण बनाते हैं। देशाटन के लिए सामान्य टिप्स से लेकर वर्णित स्थलों की विस्तृत जानकारी तक, यायावरों को जो-जो चाहिए, इस पुस्तक में आरती जी ने वह सब समेट लिया है।

महात्मा गाँधी संस्थान के आप्रवासी हिंदी साहित्य सृजन सम्मान सहित अनेक सम्मानों से पुरस्कृत आरती जी वर्तमान हिंदी साहित्य के सुपरिचित हस्ताक्षरों में गिनी जाती हैं। अनन्य के संयुक्त अरब अमीरात संस्करण के सम्पादन के साथ-साथ उनका नाम 50 से अधिक प्रकाशित पुस्तकों से जुड़ा है। वे एक प्रवासी साहित्यकार हैं। यात्राएँ, देशाटन, तीर्थाटन के साथ-साथ प्रवास भी हमारी दृष्टि और दृष्टिकोण को ऐसा विस्तार देते हैं जो विस्थापन के बिना असम्भव है। कविता, लघुकथा, कथा, उपन्यास से लेकर संस्मरण, विमर्श, और शोध तक कोई विधा उनसे छूटी नहीं है। उनकी अनेक यात्राओं और यात्रा-सम्बंधित स्वतंत्र आलेखों के बाद इस अमेरिकी यात्रा वृत्तांत का पुस्तकाकार रूप में आना एक नया आरम्भ है, उस यात्रा का जिसे अभी बहुत देर तक और बहुत दूर तक चलना है।

पुस्तक के आरम्भ में ही अमेरिका और कैनेडा के साझा नियाग्रा झरनों का ज़िक्र आने पर उनकी वर्तनी और उच्चारण का विवरण एक अदीक्षित पाठक को भी वह समस्त जानकारी प्रदान करता है जो अन्यत्र नहीं मिलती। ऐरोकार से वॉटर वाक तक की यात्रा के बीच क्रैब एपल चख लेने का आनंद इस यात्रा वृत्तांत को सामान्य विवरणों से अलग श्रेणी में रखता है जिसकी गहराई को ध्यान से पढ़कर ही समझा जा सकता है।

संसार के सबसे शक्तिशाली देश की राजधानी वाशिंगटन डी.सी. की बात हो या संसार के पहले कॉर्पोरेशन हारवर्ड विश्वविद्यालय के आश्रयस्थल बॉस्टन की, या फिर विश्व की आर्थिक राजधानी न्यूयॉर्क की – नियाग्रा प्रपात की बात हो या स्टेच्यू

ऑफ़ लिबर्टी की, इस पुस्तक में ये सब समाहित हैं। पुस्तक पढ़ते हुए पाठक को इन स्थलों में अपनी उपस्थिति की अनुभूति होती है। सुंदर चित्र इस अनुभूति की गहनता बढ़ा देते हैं।

आरती जी को इस पुस्तक के लिए बधाई और आगामी प्रकाशनों के लिए शुभकामनाएँ। पुस्तकें आती रहें, यात्राएँ चलती रहें। चरैवेति, चरैवेति!

शुभकामनाओं सहित,

अनुराग शर्मा
मुख्य सम्पादक- 'सेतु'
पिट्सबर्ग, संयुक्त राज्य अमेरिका

setuhindi@gmail.com

मन, दिमाग और पाँव – अद्भुत समन्वय

मैं ऐसा मानती हूँ कि मानव शरीर की संरचना में तीन अवयव सबसे अधिक महत्वपूर्ण हैं- मन, दिमाग़ और पैर या पाँव!

मन मुट्ठी भर का होकर भी उसका आकार आकाश की भाँति अनंत असीम है। उसका कोई ओर-छोर नहीं है। उसकी क्षमताओं को नापा नहीं जा सकता है। वह उड़ान भरता है तो रोका नहीं जा सकता और कहीं भी पहुँच जाता है।

दिमाग का काम ज़रा भारी है बहुत सोचता-विचारता रहता है। विवेक से काम लेता है। इनमें सबसे आज्ञाकारी हैं पैर या पाँव जो मन और दिमाग़ के कहने से ही चलते हैं। इन तीनों का समन्वय किसी भी प्राणी को यायावर अर्थात् घुमक्कड़ बनाते हैं।

'सात समंदर पार' पुस्तक की लेखिका डॉ. आरती 'लोकेश' गोयल में इन तीनों का सम्मिश्रण दिखाई देता है। आजकल दुबई में पाठ्यक्रम निर्माण वुडलेम पार्क स्कूल में अध्यक्ष पद पर आसीन हैं।

भारत के ग़ाज़ियाबाद शहर में जन्मीं हिंदी और अंग्रेज़ी में स्नातकोत्तर परीक्षा में स्वर्णपदक से सुशोभित प्रसिद्ध साहित्यकार, अनेक सम्मानों से सम्मानित, बचपन

से उड़ान के सपने संजोए हुए डॉ. आरती 'लोकेश' दुबई में बस गईं पर थमी नहीं। नए-नए देश, उनकी संस्कृति, वहाँ के दर्शनीय स्थल, लोगों का रहन सहन, आदि के बारे में जानने और देखने की उत्कंठा ने उन्हें स्थिर बैठने नहीं दिया।

इसका साक्ष्य है लगभग 25 देशों की यात्राएँ। जिनमें प्रमुख हैं नेपाल, यू के, यूरोप, नीदरलैंड, जर्मनी, ऑस्ट्रिया, स्विट्ज़रलैंड, इटली, रोम, वैटिकन सिटी, बेल्जियम, फ़्रांस, सल्तनत ऑफ़ ओमान, थाइलैंड, जॉर्जिया, सेशेल्सियाई, यूक्रेन, साऊदी अरेबिया, मोंटेनेग्रो, जॉर्डन, मिस्र, किर्गिज़स्तान, मलेशिया, कैनेडा, अमेरिका, मालदीव व मॉरीशस आदि-आदि। आरती जी की पाँच देशों के यात्रा वृत्तांतों पर 'झरोखे' नाम की पुस्तक पहले आ चुकी है।

सभी देशों का अपना वैशिष्ट्य होता है पर पर्यटकों में अमेरिका का ज़बरदस्त आकर्षण है। संभवतः आरती लोकेश जी को इसी आकर्षण ने अपनी ओर खींचा। उनके हृदय में अमेरिका भ्रमण की लालसा बहुत तीव्र रही।

आज के समय में तकनीकी विकास से संसार के किसी कोने में जाना कठिन नहीं रहा है। आवश्यकता होती है, जगहों के सही चयन की, वहाँ पर ठहरने की व्यवस्था, होटल आदि, दर्शनीय स्थलों की सूची, बस, रेलों की पहले से ही टिकट आदि की व्यवस्था, खानपान के ठिकाने आदि-आदि। डॉ. आरती 'लोकेश' के यात्रावृत्तांतों की सबसे बड़ी विशेषता यही रही है कि उन्होंने ये सब जानकारियाँ विस्तार से दी हैं जो उत्सुक यात्रियों के लिए अत्यंत सुविधाजनक हैं।

अब चलिए उनके साथ चलते हैं अमेरिका यात्रा पर। इसमें उन्होंने चार प्रसिद्ध स्थलों व शहरों को सम्मिलित किया है। नियाग्रा जल प्रपात, वॉशिंगटन डी.सी., न्यूयार्क और बोस्टन। मुझे प्रसन्नता है कि ये चारों जगह मैं घूम चुकी हूँ। नियाग्रा तो कम से कम 5-6 बार गई हूँ और हर बार एक नई ख़ुशी और उमंग लेकर लौटी हूँ।

हरेक की अपनी दृष्टि होती है, रुचि होती है। आरती जी ने जिस प्रकार नियाग्रा जलप्रपात का जीवंत वर्णन किया है वह पाठकों के मन में रोमांच उत्पन्न करने में

सफल हुआ है। अधिकतर लोग कैनेडा के जलप्रपात की ओर आकर्षित होते हैं पर आरती जी ने अमेरिकन प्रपात का भी विस्तृत जानकारी दी है।

नियाग्रा के और भी स्थलों का आरती जी ने सुंदर विवरण प्रस्तुत किया है। आप स्वयं उन्हें पढ़कर अपना मन बनाएँ। अगला उनका पड़ाव है वॉशिंगटन डी.सी.। यहाँ की मैरीलैंड स्टेट के जर्मनटाउन तो मेरा निवास ही है। मुझे वॉशिंगटन डी.सी. का डाउनटाउन बहुत लुभावना लगता है।

वॉशिंगटन डी.सी. स्मारक, म्यूज़ियम, लिंकन मेमोरियल, वॉशिंगटन मेमोरियल कैपिटल आदि ज्ञानवर्धक जानकारी लिए और ख़ूबसूरत इमारतों से घिरा हुआ शहर है जो आर्कियोलाजी के उत्कृष्ट नमूने हैं। प्रेज़िडेंट हाउस को देखने के लिए बाहर लोगों का जमावड़ा रहता है। इस सब के अतिरिक्त आरती लोकेश जी ने मॉल आदि अन्य स्थानों का परिचय दिया है। आप पढ़ कर स्वयं आनंद लीजिए।

न्यूयार्क इस समय अमेरिका का संभवतः सबसे प्रमुख शहर माना जाता है। आरती लोकेश जी ने भी बड़े ही रोचक ढंग से इसके विशेष स्थलों की जानकारी दी है। यहाँ के ब्रिज भी बहुत प्रसिद्ध हैं, ब्रुकलिन ब्रिज, मैनहैटन ब्रिज, स्टैच्यू ऑफ़ लिबर्टी की प्रसिद्धि दूर-दूर तक है। टाइमस्क्वैयर पर चहल पहल देखते बनती है। आपको सभी दर्शनीय स्थलों को आरती जी ने देख कर बहुत ख़ूबसूरती से बाँधा है। आगे बढ़ते हुए आरती जी ने न्यूजर्सी शहर का उल्लेख किया है।

डॉ. आरती ‘लोकेश’ जी का चौथा और अंतिम शहर है बोस्टन। यहाँ का एम आई टी इंस्टीट्यूट पूरे विश्व में उच्च शिक्षा के लिए चर्चित है। मेरी यह धारणा है कि किसी भी यात्रा-वृत्तांत में पाठकों के लिए एक सस्पेंस रहना चाहिए। इसीलिए मैं आरती जी द्वारा लिखे गए वृत्तांतों का सस्पेंस कम नहीं करना चाहती।

एक बात मैं अवश्य कहना चाहूँगी कि आज जब सारी सामग्री गूगल व अन्य माध्यमों से लेकर यात्रा-वृत्तांत लिख दिए जाते हैं, वहाँ डॉ. आरती ‘लोकेश’ जी ने स्वयं इन स्थलों का गहन अध्ययन कर अपना मौलिक विवरण प्रस्तुत किया है जो ‘सात समुंदर पार’ पुस्तक की बहुत बड़ी विशेषता है। एक और जो अत्यंत

सराहनीय बात है वह यह कि सभी चित्र लेखिका ने स्वयं लिए हैं। ये चित्र मनमोहक, जीवंत और प्राकृतिक सौंदर्य को संजोए हुए हैं। आवरण भी सुंदर बन पड़ा है।

मुझे इस बात की प्रसन्नता है कि आरती लोकेश जी ने मुझे अपनी पुस्तक 'सात समुंदर पार' के विषय में दो शब्द लिखने को कहा। मैं स्वयं भ्रमण की शौक़ीन रही हूँ और भारत का विस्तृत भ्रमण के साथ विदेशों में भी बहुत घूमी हूँ और घूम रही हूँ। यही कारण है कि मैं डॉ. आरती 'लोकेश' के जज़्बे को भली-भाँति समझ पाई हूँ। मैं आश्वस्त हूँ कि इस पुस्तक के माध्यम से पाठक अवश्य लाभान्वित होंगे और भविष्य में अपनी यात्राओं को सुनियोजित रूप से कार्यान्वित करने में सफल होंगे। सभी से अनुरोध है कि समय निकाल कर मनोयोगपूर्वक 'सात समुंदर के पार' जाने का प्रयत्न करें।

अन्नदा पाटनी
वरिष्ठ साहित्यकार, संपादक एवं सितारवादिका
मैरीलैंड, वॉशिंगटन डी.सी.
संयुक्त राज्य अमेरिका
annada.patni@gmail.com

बेपंखी उड़ान

मनुष्य आदिकाल से ही पंछी बन जाना चाहता है। आकाश में उड़ना चाहता है। यही आकांक्षा तो राइट ब्रदर्स की रही होगी कि उन्होंने हवाईजहाज़ का आविष्कार किया। उनका यह अनुसंधान भी तो अपने शरीर पर नकली पंख लगाकर उड़ने की सोच से ही संभव हुआ। स्वयं पंख लगाने से लेकर पंखों वाली मशीन में बैठ उड़ने तक का राइट भाइयों का सफ़र कितना उत्तेजनापूर्ण रहा होगा। इन्हीं की बदौलत आज हम पंखों वाली मशीन में बैठ बेपंख उड़ानें भर पाते हैं। इन उड़ानों ने सारी धरती को गेंद-सा छोटा कर दिया है। हाथ में पकड़कर घुमाओ और कोई भी हिस्सा देख लो। देश-विदेश भ्रमण करना अब कंदुक-क्रीड़ा जैसा ही हो गया है।

यह मन भी तो ऐसी ही बेपंखी उड़ान भरा करता है। यह तो बिना किसी बाहरी सहायता के ही दुनिया की सैर को निकल पड़ता है। इसे तो सामने ग्लोब रखने की भी आवश्यकता नहीं। न ही किसी मानचित्र की ही ज़रूरत है। बस, जहाँ मन किया उड़ कर उसी शाख पर मन-पंछी जा बैठता है। और तो और, यह तो कहीं भी नीड़ बनाने को भी स्वतंत्र है। वैसे भी 'मन जहाँ रम जाए, वहीं बसेरा' है, एक यही सवेरा और बाकी सब अँधेरा है।

भारत में अमेरिका को हमेशा ही सात समुन्दर पार बताया गया है। हालाँकि हमने भूगोल की कक्षाओं में पाँच ही महासागर पढ़े हैं। कदाचित इस किंवदंती में सागर की बात हो, महासागर की नहीं। सागर सात से अधिक ही पड़ जाएँगे इसके मार्ग में। इसके अलावा कहते हैं कि यदि भारत के केंद्र से पृथ्वी को खोदना शुरु करो तो यह सुरंग अमेरिका में खुलेगी। ये सब बातें सुनकर बाल्यावस्था में ही मन अमेरिका घूमने पहुँच गया था।

कब से अभिलाषा की बाल्टी में रख छोड़े अमेरिका का इस बार नम्बर आ ही गया। 10-10 वर्ष तक की वैधता वाला अमेरिका व कैनेडा का पर्यटन वीसा कई वर्ष पूर्व से ही पासपोर्ट पर चिपका हुआ था सो अबकी बार पासपोर्ट पर इन दो देशों की राजकीय मोहर (इमिग्रेशन सटैम्प) भी अंकित करवाने का फैसला लिया। दुबई

से चलने वाली एमिरेट्स एयरलाइंस की दुबई से बोस्टन दोतरफ़ा उड़ान की टिकट लीं। यह सीधा उड़ान साढ़े बारह घंटों में बोस्टन पहुँचा देती है। जुलाई के माह की योजना बनी जब वहाँ गर्मियों का मौसम ही माना जाता है। बोस्टन में सुपुत्री का निवास होने से वहीं रुकना हुआ और अन्य स्थानों के लिए आवास पहले ही नियोजित कर लिए गए। जाते ही बेटी ने अपने सिम कार्ड से फैमिली प्लान के तहत 2 सिम और ले लिए। मोबाइल पर कार्ड की पेमेंट एप इंस्टॉल कीं और निकल पड़े सैर-सपाटे को।

मन के पीछे-पीछे इस तन को लेकर घूमना इतना सरल नहीं जितना दिखाई देता है। उसके पीछे धनराशि तो लगती ही है, योजना, समय और श्रम भी लगता है। योजना बनाने में सबसे पहले तो यह छाँटना कि कहाँ जाया जाए ताकि वीसा भी आसानी से लग जाए और हवाई किराए भी जेब से बाहर न हों। जब इन दोनों के अनुसार देश या शहर ढूँढ लिए जाएँ तब शुरु होती है असली कवायद। होटल की बुकिंग, ट्रांसपोर्ट की व्यवस्था, दर्शनीय स्थलों की सूची, उनकी अग्रिम टिकट बुकिंग। हाँ इन सबसे पहले भ्रमणार्थ देश के मौसम और सामाजिक-राजनीतिक स्थिति भी देखनी पड़ती है। यह जाँचना पड़ता है कि वहाँ का माहौल कहीं लड़ाई-झगड़े का तो नहीं चल रहा क्योंकि ‘जान है तो जहान है’ यह घुमक्कड़ों के लिए ही कहा गया लगता है। वहाँ उन दिनों मौसम की ताज़ा भविष्यवाणी भी देखनी होती है। अपनी पसंद-नापसंद तो घुमक्कड़ी जिज्ञासा वालों की प्रथम प्राथमिकता है ही।

किसी को समुद्र तट वाले स्थल ही पसंद हैं तो किसी को ऐतिहासिक। कोई एक्प्लोरर टाइप का होता है तो कोई सांस्कृतिक खोज-बीन को निकला होता है। बहरहाल, मैंने और मेरे परिवार ने हर प्रकार के स्थलों को आजमाया हुआ है। अमेरिका में इन सभी प्रकार के पर्यटकों का मन बहलाने के लिए पर्याप्त सामग्री है। इसी कारण अमेरिका घूमने सारे विश्व के घुमक्कड़ी-प्रेमी आना चाहते हैं। यहाँ के स्मारक अपने भूत को बाँचते हैं, वर्तमान को सूचित करते हैं व भविष्य को इंगित करते हैं। यहाँ आमोद-प्रमोद का प्रबंध है, संताप से निकल आगे बढ़ने का संदेश भी है और वेदना के जाल को चीरते हुए नए उत्साह-ऊर्जा-ऊष्मा से नई किरण का स्वागत भी है। अपने राइट ब्रदर्स भी तो वहीं के हैं।

अब तक जिन-जिन देशों की यात्रा की है, वे हैं- नेपाल, यू.के., यूरोप (नीदरलैंड्स, जर्मनी, ऑस्ट्रिया, स्विट्ज़रलैंड, इटली, रोम, वाटिकन सिटी,

बेल्जियम, फ्रांस), सल्तनत ऑफ़ ओमान, थाईलैंड, जॉर्जिया, सेशेल्स, यूक्रेन, मोंटेनेग्रो, जॉर्डन, साऊदी अरेबिया, किर्गिस्तान, मलेशिया, मालदीव, अमेरिका, कैनेडा, मिस्र और मॉरीशस।

ये सभी देश अपने आप में वैशिष्ट्यताओं से परिपूर्ण हैं। अभी तक घूमे हुए देशों में से कुछ पर तो वृत्तांत या संस्मरण रचे गए किंतु किसी एक देश पर पूरी पुस्तक की रचना का यह मेरा पहला ही अनुभव है। पाँच देशों के यात्रा-वृत्तांतों के संकलन की एक पुस्तक 'झरोखे' नाम से आ चुकी है। अमेरिका देश के बारे में बहुत सुना था और देखा तो उससे अधिक ही पाया। अत: इस पर एक पुस्तक का अधिकार तो बनता ही है। ऐसे ही 'सात समुन्दर पार' की रचना हुई जिसमें संकलित संस्मरण सेतु निर्मित कर मन को उसी घाट पहुँचा, मुझे बार-बार वहाँ के दर्शन करा लाते हैं।

अमेरिका पर बनी पुस्तक का कोई दूसरा शीर्षक मुझे रुचा ही नहीं। पहली बार में ही यह ज़ेहन में उभरा और स्थायी रूप से छप गया। क्योंकि मैंने सपरिवार इसके चार मुख्य शहरों को घूमा है तो पुस्तक में प्रयुक्त सभी तसवीरें स्वयं की खींची हुई हैं। न्यू यॉर्क के मैनहट्टन में स्थित 'रोकेफ़ेलर सेंटर' की 'टॉप ऑफ़ द रॉक' जो कि 69वीं मंज़िल पर बनी है, वहाँ से लिए हुए चित्र इतने प्राणदार बन उठे कि उससे ही पुस्तक के आवरण बनाने का निर्णय भी क्षण में हुआ। अमेरिका में ली गई सभी तसवीरें अद्वितीय हैं किंतु इस तसवीर ने आवरण पर ऐसा अधिकार जमाया कि कोई और उसका विकल्प प्रस्तुत न कर सकी। फिर यह दृश्य आह्लाद के साथ अवसाद पैदा करने वाला ऐसा अद्वितीय स्थल है जो स्मरण कराता है कि इसमें कभी शामिल रही हुई सबसे ऊँची ट्विन टॉवर अब लापता पहेली हैं।

यात्रा विवरण लिखते समय यह दुविधा रही कि किस प्रकार इतनी स्मृतियों को समेटा जाए। अमेरिका तो बहुत बड़ा है और मैं केवल कुछ ही स्थानों पर घूमी हूँ। इसी से यह विचार बना कि एक-एक स्थान पर वहाँ पहुँचने के मार्ग से लेकर उसे स्थान को छोड़ने तक की अवधि के संस्मरण को समेटा जाए। बोस्टन पहुँचकर एक दिन बोस्टन ही घूमा और अगले दिन नियाग्रा के लिए रवाना हुए किंतु मैंने नियाग्रा से ही लिखना आरंभ किया और इस पहले दिन के बोस्टन टूर को बोस्टन वाले यात्रा-वृत्तांत में ही सम्मिलित कर लिया ताकि एक स्थान की सभी उपयुक्त जनकारी एक साथ दी जा सके। नियाग्रा की यादों को पहले एकत्र किया तो इसे मासिक पत्रिका 'जय-विजय' ने हाथोंहाथ लिया जो अपने उपशीर्षक में कहती है- 'राष्ट्रीय

विचारों से ओत-प्रोत युवा जागरण का अग्रदूत' । नियाग्रा विवरण का कैनेडा वाला हिस्सा कैनेडा विशेषांक 'अंतरदेश' पत्रिका का हिस्सा बना, जिसका सूत्रवाक्य है- 'सरहदों के पार हिंदी का संसार'। इस प्रकार साहस किया और समय नियोजित किया वाशिंगटन डी.सी., न्यू यॉर्क और बोस्टन लिखने के लिए। एक और समस्या थी चित्रों की...। यह तो तय था कि अपने ही कैमरे की तसवीरों का उपयोग किया जाएगा किंतु जब पारिवारिक भ्रमणार्थियों की टोली में चार सदस्य और चारों ही शौकिया फ़ोटोग्राफ़र हों तो दो समस्याएँ आती हैं- 1) चित्रों की बहुलता और 2) उनमें से एक भी उपयोगी चित्र की अनुपलब्धता। यही कारण है कि प्रामाणिक स्थलों के सत्यापित मनोभावों की अकाल्पनिक कृतियों में तसवीरों को छाँटना और उचित स्थान पर उन्हें पिरोते जाना जैसे गेंदे के फूलों की माला में बीच-बीच में समुचित दूरी पर गुलाबों को पिरोना एक महाकठिन कार्य है। इसमें समय भी बहुत ज़ाया होता है लेकिन यह एक परमावश्यक क्रिया है जो पुस्तक में निहित जानकारी को विशुद्ध और विश्वसनीय बनाती है। इस गुणकारी कार्य के लिए चार-चार मोबाइल खँगाले गए, अच्छी (जितनी भी बन पड़ीं) तसवीरें एकत्र की गईं, और कभी किस्मत से और भी अच्छी मिल जाने पर बदली गईं। कुल मिलाकर यह प्रयास रहा कि यौगिक और समन्वित रूप से देखने पर पाठक को यह वास्तविकताओं से रूबरू करा सके। इस पुस्तक को जुलाई 2023 के मेरे जीवन का लेखा-जोखा भी कहा जा सकता है।

इस पुस्तक का मुखावरण लोकार्पित होते ही कुछ ऐसा संयोग रहा कि 'चेतना का बहुभाषी स्वर' का दावा करने वाली मासिक पत्रिका 'इरा' ने अमेरिका का यात्रा वृत्तांत भेजने का आग्रह किया और वाशिंगटन डी.सी. को प्रमुखता से अगस्त 2024 के अंक में स्थान दिया। न्यू यॉर्क के संस्मरण का आलेख भी पत्रिका के लिए भेजा जा चुका है।

जिस मनोयोग से मैंने अमेरिका के चार मुख्य स्थल/शहरों- नियाग्रा, वाशिंगटन डी.सी., न्यू यॉर्क तथा बोस्टन की जानकारी समाहित की है, वह आपको अपने घूर्णन-परिक्रमण प्रवृत्ति, मतलब घुमक्कड़ी वृत्ति में लाभ पहुँचाएगी, ऐसा मेरा मानना है। आप भी मेरे साथ-साथ अमेरिका की सैर को निकल पड़ेंगे और स्वयं अपने मित्रों व परिजनों को भी इन चार प्रमुख शहरों के दर्शन करवाने की कामना करेंगे। अमेरिका में बिताए 20 दिन की यादों व अर्जित ज्ञान को मैं सुधी पाठकों और भावी पर्यटकों के हाथों में सौंपती हूँ। आशा है आप इसका उचित मूल्यांकन कर इसके गुण-दोषों से अवगत करा मुझे समृद्ध करेंगे।

स्नेहाकांक्षी
डॉ. आरती 'लोकेश'
26 जुलाई 2024

पाँव ज़मीं पर

बचपन में माता-पिता ने पूरा भारत घुमा दिया। वहीं से 'अथातो घुमक्कड़ जिज्ञासा' की नींव पड़ी। देश के हर राज्य में मैं घूमी हुई थी। जब से दुबई ने पैर टिकाने की जगह दी तब से सपरिवार विदेशों में घूमने का अवसर मिला। जहाँ दुनिया में बहुत-से ऐसे लोग हैं जो अपने चारों ओर भी नहीं देख पाते। ईश्वर की कृपा वंदनीय है कि दुनिया देखने को मिल रही है।

पाँव ज़मीं पर रखे रहे पर ख्वाब आसमानी रहे। ऊँचाइयाँ छूते हुए भी पाँव ज़मीं से बाँधे रखने की कोशिश सदैव रही। 'अराउंड द वर्ड इन 8 डॉलर' जैसा तो कुछ भी नहीं होता। पर एक ही जीवन है, इसमें जितना शरीर और जेब साथ दे, घूमना चाहिए। इस बार ये पाँव जा पहुँचे अमेरिका की धरती पर।

अमेरिका के नीलाभ गगन और सिंधु-हरित सागर के बीच बसने वाली भूमि पर बिखरी प्रकृति-मुक्ताओं और मानव-कृतियों का लाखों धन्यवाद कि उस स्थली के वैशिष्ट्यपूर्ण विषयों पर कलम चलाई जा सकी।

नियाग्रा जलप्रपात पर लिखे वृत्तांत को पत्रिका 'जय-विजय' में स्थान देने के लिए डॉ. विजय कुमार सिंघल जी का आभार जिन्होंने इसे पत्रिका के चार अंकों में क्रमश: स्थान दिया और नियाग्रा की धारा को चार माह तक अंकों में झरने दिया। इसी यात्रा-वृत्तांत ने स्थान पाया कैनेडा की 'अंतरदेश' पत्रिका में जिसका संपादन डॉ. हंसा दीप जी ने किया। अनुगृहीत हूँ कि उन्होंने इसे कैनेडा विशेषांक में स्थान दिया। सुश्री अलका मिश्रा जी के प्रति कृतज्ञ हूँ कि 'इरा' पत्रिका में वाशिंगटन डी.सी. के यात्रा-वृत्तांत को स्नेह से सहेजा।

इस पुस्तक को लिखने की प्रेरणा देने वाले मेरे परिजनों और मित्रों और उनके द्वारा मिली ऊर्जा की ऋणी हूँ कि इतनी वृहद एवं विस्तृत स्मृतियों को सहेजने की

हिम्मत जुटा सकी। इसको पढ़कर इसकी त्रुटियाँ सुधारने के लिए प्रिय डॉ. उर्मिला चौधरी जी के प्रशंसनीय कार्य की सराहना करती हूँ।

श्री अनुराग शर्मा जी ने प्रस्तावना का आग्रह स्वीकार कर धन्य किया। महात्मा गांधी संस्थान, मॉरीशस द्वारा स्थापित प्रतिष्ठित अंतरराष्ट्रीय द्वैवार्षिक पुरस्कार 'आप्रवासी हिंदी साहित्य सृजन सम्मान' के प्रथम विजेता अनुराग शर्मा एक लेखक, सम्पादक, शिक्षक, किस्सागो, कवि और विचारक हैं। 'सेतु' पिट्सबर्ग, अमेरिका से प्रकाशित अंतरराष्ट्रीय द्वैभाषिक मासिक पत्रिका के सम्पादक अनुराग जी संसार की दो सबसे बड़ी भाषाओं, हिन्दी व अंग्रेज़ी के विश्व भर के स्थानीय व अनिवासी साहित्यकार, पत्रकार, और विशेषज्ञों को शामिल करते हैं।

सुश्री अन्नदा पाटनी जी से परिचय एक कार्यक्रम के दौरान हुआ। उनके वाक कौशल ने बहुत प्रभावित किया। उनकी पुस्तकें 'प्रेम और प्रकाश' (फ्रेंच नॉवलिस्ट आंद्रे जीद का अंग्रेज़ी से हिंदी में अनूदित उपन्यास) 'कुछ दिल ने कहा', 'मख़मली घास पर बिखरे रंग', 'तेरे लिए', 'संवेदनाओं के भँवर में लिपटी ज़िंदगियाँ', अपने पिता श्रद्धेय पद्मश्री यशपाल जी जैन को समर्पित- 'अंतर्दृष्टि' व 'पूर्णाहुति' के बारे में संज्ञान हुआ तो मन श्रद्धा से भर गया। दिल्ली के इंद्रप्रस्थ कॉलेज से बीए हिंदी ऑनर्स और विवाह के 26 वर्ष पश्चात सितार में एम. ए, उनका व्यक्तित्व हर स्त्री के लिए आदर्श और अनुकरणीय है। ऐसी शख़्सियत ने इस पुस्तक की भूमिका में दो शब्द लिख मुझे धन्य किया, नतमस्तक हूँ। मेरा सौभाग्य है कि अपने प्रिय लेखक यशपाल जी, जिनकी कहानियाँ पढ़कर पढ़े और पढ़ाकर बढ़े उनकी सुपुत्री से जीवन में मिलने का अवसर इस पुस्तक ने प्रदान किया।

उन सभी प्रिय पाठकों को साधुवाद और शुभकामनाएँ जो इसे पढ़कर घूमने के लिए प्रेरित होंगे और अपना झोला-डंडा उठाकर, कमर कसकर निकल पड़ेंगे देशाटन को या अमेरिकाटन को। अमेरिका घूमे हुए पाठकों के अनुभवों के साझा-हृदयों का अग्रिम धन्यवाद! इस पुस्तक को पढ़कर और अमेरिका घूमकर अपने उद्गार, प्रतिक्रिया और टिप्पणी भेज कृतार्थ करने वाले गुणीजन का आभार!

आपकी अपनी
आरती 'लोकेश'

कुर्सी की पेटी बाँध लें

किसी भी स्थान के भ्रमण से पहले, चाहे वह देश में हो या विदेश में, कुर्सी की पेटी बाँधने से पहले, बहुत कुछ बाँधना, बहुत-सी बातों की गाँठ बाँधना अति आवश्यक होता है। कुछ का उल्लेख तो प्राक्कथन में कर दिया गया है। अन्य कुछ इस प्रकार हैं।

सामान-पेटी : मौसम के हिसाब से कपड़े, छतरी, जूते, धूप का चश्मा, प्रसाधन-सामग्री, कंधे का बैग, क्रेडिट कार्ड / विदेशी मुद्रा अवश्य रखें। सामान कम से कम भरें। और हाँ, खरीदारी कर के लाने के लिए अटैची में जगह भी रख लें। एक पेन और नोटपैड अवश्य रखें। पासपोर्ट, टिकट, वीसा, बुकिंग के सारे सबूत आदि रखना कतई न भूलें। अधिक कीमती वस्तुएँ ले जाने से बचें।

यात्रा : बस, रेल, जहाज़ या हवाईजहाज़ के अनुसार आरामदायक कपड़े पहनें। कैसी भी यात्रा करें, मार्ग के लिए कुछ सूखा खाना, ज़रूरी दवाइयाँ आदि हैंडबैग में साथ रख लें। निर्धारित समय से पहले स्टेशन या अड्डे पर पहुँच जाएँ।

संचार : घर बात करने के लिए अपने सिम में बैलेंस रखें। विदेश में हैं तो अपने देशी सिम में कोई अंतरराष्ट्रीय प्लान डलवाने से कहीं बेहतर होता है कि हवाईअड्डे से ही उस देश का लोकल सिम डेटा समेत ले लें। जगहें खोजने में यही आपका सबसे अधिक साथ देगा। टैक्सी या टूर ऑपरेटर से संपर्क करने में भी साथ देगा। उस देश के पर्यटन का कोई एप हो तो पहले ही डाउनलोड कर लें।

दर्शनीय स्थल : चार-पाँच वीडियो उस स्थान की देखकर अपनी पसंद की जगहों की प्रतिदिन की सूची तैयार कर लें। इससे अनावश्यक भटकाव नहीं होगा और समय की बचत होगी। जिस जगह गाइड की सुविधा हो, गाइड अवश्य ले लें। जो बातें वह बताएगा, वह पढ़कर या अंतर्जाल पर भी नहीं मिलेंगी। यथासंभव स्मृति-चिह्न खरीद लें। जहाँ गए हैं, अगर वहाँ का सूचना-पत्र (ब्रोशर) हो तो एक ले लें। स्थानीय लोगों के साथ तसवीरें लेना न भूलें। और हाँ, प्रसिद्ध स्थलों पर

प्रोफ़ेशनल फ़ोटोग्राफ़र की उतारी हुई तसवीरें खरीद लेने में कंजूसी न करें। यही आपके घर की और मन की शोभा बाद में बढ़ाएँगी।

अब कुछ अन्य सुझाव :

- होटल का चयन करने में कभी कंजूसी न बरतें। असुविधाजनक निवास आपके सारे टूर का स्वाद कड़वा कर देगा।
- होटल के बेयरे को यथासंभव टिप दें।
- जल्दी उठें और जल्दी सोएँ ताकि दिन की रोशनी में अधिक से अधिक स्थल देखे जा सकें। रात में देखी जाने वाली जगहों से पहले दिन के टूर को हल्का रखें।
- उस दिन का रूट तय करते समय ही देख लें कि दोपहर का भोजन कहाँ किया जा सकता है। रूट इस प्रकार बनाएँ कि एक स्थान या आस-पास के सारे दर्शनीय स्थल एक बार में ही निबटाए जा सकें।
- यात्रा-वृत्तांत लिखने के लिए अनुभव व जानकारियाँ नोट करते जाएँ या अपने फ़ोन में वॉइस रिकॉर्ड द्वारा एकत्र करते जाएँ। लौटकर लिखने में इससे सहायता मिलेगी।
- छोटे-मोटे खर्चों का अनुमान लगाकर रखें। अपव्यय से बचें।
- वीसा लेते हुए अवधि, बारंबारता का ध्यान रखें और यदि ऑनलाइन ले रहें है तो प्रामाणिक वेबसाइट से ही लें। हवाई टिकट से पहले वीसा अप्लाई करें।

तो, कुर्सी की पेटी बाँध लीजिए और चलिए- 'सात समुंदर पार'...

सात समुन्दर पार

अलौकिक आनंद का स्रोत : नियाग्रा जलप्रपात

'नियाग्रा' एक झरने का, एक नदी का या एक स्थान का नाम नहीं है, यह नाम है एक अलौकिक प्रवाह का, जीवन के परमस्रोत के साक्षात दर्शन का, और भव्य आनंदानुभूतियों का।

अंग्रेज़ी में नियाग्रा की वर्तनी नि+आगरा जैसी प्रतीत होती है। इसके नाम में दुविधा थी कि इसे निआगरा कहा जाए, नियागरा, नियाग्रा या फिर नायग्रा (जैसा कि अमरीकी उच्चारित करते हैं)। हमारे मन ने और हमारी हिंदी से भरी अंग्रेज़ी की समझ ने जवाब दिया कि इसे नियाग्रा कहा जाए। व्यक्तिवाचक संज्ञा कब उच्चारणों के आधीन हुई है, ऐसा सोचकर पहले तो इस कश-म-कश से बाहर निकले। इस विश्वप्रसिद्ध भौतिक-नक्श व प्राकृतिक आश्चर्य को देखने के मंत्रमुग्धकारी अनुभव को कैसे पाया जाए, इस का समाधान खोजा।

नियाग्रा अमेरिका में बफैल्लो शहर, न्यूयॉर्क राज्य, से 27 किलोमीटर दूर और कैनेडा में टोरोंटो शहर, ओन्टेरियो राज्य से 120 किलोमीटर दूर, दो मैत्रीपूर्ण देशों की सीमा पर झरता है। हिम युग के अंतिम चरण में हिमाच्छादन के समय हिमनद के पिघलने से झीलों का निर्माण हुआ और ठोस से तरल स्वरूप में परिवर्तित अथाह जल ने एटलांटिक महासागर तक जाने के लिए अपना मार्ग नियाग्रा के ढलान को बनाया। तब नियाग्रा नदी और नियाग्रा निर्झरतंत्र का निर्माण हुआ।

इस प्रागैतिहासिक भू-वैशिष्ट्य को देखने के लिए बोस्टन से हमने एक कार किराए पर ली। हम परिवार एक और सवारी चार थे। चारों ही ड्राइविंग की कला में दक्ष, तो

8 घंटे का सड़क मार्ग तय करना कठिन न लगा था। मैसाचुसेट्स, कनैक्टीकट, न्यूयॉर्क तीन राज्यों को पूरा पार कर 474 मील (763 किलोमीटर) दूर पहुँचना था। हमारे ही फोन में किलोमीटर में दूरियाँ बताने वाला गूगल का नक्शा, अमेरिका पहुँच, पूरी तरह लोकल होकर मीलों में दूरियाँ बताने लग गया।

सुबह का नाश्ता-पानी निबटाकर करीब 10 बजे हम ट्यूक्स्बरी से नेशनल हाईवे 290 पर हो लिए। रास्ते में एक स्थान आया जिसको लिखा 'वोरसेस्टर' जाता है, परंतु पढ़ा या बोला 'वोर्स्टर' जाता है (ऐसा बेटी ने हमें बताया तो हिंदी भाषा पर गर्व हो आया कि उसमें उच्चारण की ऐसी कोई दुविधा न के बराबर है)। इसी वोर्स्टर से हमें 290 को छोड़कर नेशनल हाईवे 90 को पकड़कर दूर तक चलते जाना था। बीच में कुछ देर के लिए हम हाईवे 87 से भी गुजरे। अंत में 290 और 190 भी लिया।

दुबई के 12-12 लेन वाले महामार्गों के सामने एक बार को तो अमेरिका के 3-4 लेनधारी महामार्ग कुछ कमतर लगे। लेकिन जल्द ही वे हमें भाने लगे और दिलो-दिमाग पर छाने लगे। सड़कों के दोनों ओर फैली बेपनाह घनी हरियाली, ऊँचे-ऊँचे पेड़, दूर-दूर तक उठते-गिरते टीलेदार रास्ते हमसे अपना लोहा मनवाने लगे। सच! इतने बड़े देश में यातायात की इतनी सुदृढ़ व्यवस्था कोई आसान बात नहीं है। नैसर्गिक सौंदर्य को कैसे अनछुआ रखा गया है, देखने लायक था। सड़क के दोनों ओर कभी हरे पुते मैदान आते तो कभी गहराते-हरियाते जंगल। इतनी हरियाली देखकर याद आया कि किसी ने यहीं 'आँख हरे में फूटने' वाला मुहावरा रचा होगा। सर्दी आते ही, बर्फ़ पड़ते ही इस सारी हरियाली की जगह ठूँठों के झुंड ले लेते हैं। दृश्य तो वह भी मनोरम होता है किंतु कुछ निष्ठुरता व निर्दयता संग ले आता है।

रास्ते में पड़ने वाली ऊँचाइयों को पहाड़ी कहें या टीले..., उठान वाले क्षेत्रों में, जहाँ हवा का खूब रौब व मनमानी चलती है, बहुतायात में पवनचक्कियाँ दिखाई देती थीं। प्राकृतिक उपादानों से ऊर्जा का निर्माण मानव जाति और धरती की सबसे बड़ी

सेवा है। क्षय होते पर्यावरण में संसाधनों का संरक्षण करती और भावी पीढ़ियों के लिए साधन जुटाती ये पंखुड़ियाँ बहुत रुचीं।

प्रकृति की स्वच्छंदता पर मनुष्य पहरे न बिठा पाया तो लाभ तो उठा ही सकता है। हम उन्हें कैमरे में बिठाने के लिए कार की स्क्रीन व खिड़कियों से तसवीरें उतारते। ऐसे बीसियों स्थान हमारे मार्ग में पड़े। शहर एक-दूसरे से इतने दूर-दूर बसे हुए हैं कि मीलों के फासले तय कर ही कोई किसी अन्य शहर में जाता है। जब कभी बस्ती वाले इलाके, महामार्ग के पास ही पड़ते तो दो घरों के बीच की हरी-भरी दूरी देख मन खिल जाता। हम भारत से आने वालों के लिए यह एक अजूबा ही है कि एक घर से दूसरे घर के बीच में इतनी-इतनी जगह खाली पड़ी हुई है।

नियाग्रा फ़ॉल बनाने से पहले नियाग्रा नदी एक बहुत बड़े 'ग्रांड आइलैंड' का निर्माण करती है, (जिसे मेरे भूगोल ज्ञान के अनुसार डेल्टा प्रदेश भी कहा जा सकता है) प्रपातों तक जाने का मार्ग उस ग्रांड द्वीप से होकर ही जाता है। हम उस द्वीप में 'साऊथ ग्रांड आइलैंड ब्रिज' से घुसे और 7 मील बाद 'नॉर्थ ग्रांड आइलैंड ब्रिज' से उतरते ही जैसे ही एक घुमावदार मोड़ लिया कि नियाग्रा नदी हमारे साथ-साथ चलने लगी। ग्रांड आइलैंड के ये दोनों पुल भी नियाग्रा नदी के ऊपर ही बने हैं। नियाग्रा की निर्झरिणी गोट द्वीप, लूना द्वीप से झरती है और नदी इन तक पहुँचने से

पहले रॉबिन्सन, बर्ड, ग्रीन द्वीपों के अतिरिक्त अन्य कई छोटे-छोटे द्वीपों से टकराती हुई गुज़रती है।

रास्ते में चाय-कॉफ़ी, खाने आदि के लिए रुकते-रुकाते करीब आठ बजे हम नियाग्रा पहुँचे। अपने पूर्व-आरक्षित आवास में जाने की बजाय नियाग्रा का चुम्बकीय आकर्षण हमें सीधा ही अपने पास खींच ले आया। हमने गूगल महाराज को '**नियाग्रा फॉल्स स्टेट पार्क**' की पार्किंग में ले चलने का आदेश दिया।

अमेरिका घूमने की योजना बनाने से पूर्व ही हमने बहुत कुछ जानकारी एकत्र कर रखी थी। सारे मुख्य क्रियाकलापों की टिकट भी पहले से वेबसाइट के माध्यम से खरीद रखी थीं। बहुत-से वीडियो इस स्थान के खँगाले थे। नियाग्रा जलप्रपात को लगभग हर दिशा से पूरा, वीडियो में हम देख चुके थे। इस कारण से एक आशंका यह भी थी मन में कि वहाँ पहुँचकर सब कुछ तो देखा हुआ-सा लगेगा। कुछ नया लगेगा ही नहीं। स्टेट पार्क में कुछ ऐसी बात थी कि कार खड़ी करते-करते भी हमारी आँखें झरने के दिखने वाले छोटे-छोटे अंशों से हट नहीं पा रही थीं।

हम जल्दी-जल्दी नियाग्रा को देखने के लिए बने हुए चबूतरे तक पहुँचे और वहाँ से जो नज़ारा दिखा तो ऐसा लगा कि हम इस दुनिया से बाहर कहीं किसी असांसारिक लोक में पहुँच गए हैं। अमेरिका की ओर से गिरने वाले बड़े झरने को 'अमेरिकन

फॉल' और छोटे झरने को 'ब्राइडल वील फ़ॉल' (दुल्हन का घूँघट झरना) कहते हैं। इस छोटे 'दुल्हन के घूँघट' वाले झरने और 'हॉर्स शू' (घोड़े की नाल) झरने के बीच में 'गोट' नामक द्वीप है, और इसके और अमेरिकन फ़ॉल के बीच में 'लूना' द्वीप हैं। ये दोनों द्वीप अमेरिका की धरती व न्यूयॉर्क स्टेट का हिस्सा हैं।

स्टेट पार्क के बरामदे से ही थोड़ा हिस्सा 'हॉर्स शू फ़ॉल' का भी दिख रहा था। हमारी साँसें थम गई थीं, धड़कनें रुकी हुई थीं। हम एकटक इसे निहारे जा रहे थे। अभी भी गिरते हुए झरने के शीर्ष से लगभग 200 मीटर दूर से देख रहे थे और तीव्र गति से बहते पानी से उड़ती हुई छींटें हमें झरने की भव्यता में नहला रही थीं। गर्मी के कारण भीगने से परहेज भी न था। सूरज अभी डूबा नहीं था। जुलाई में वहाँ 9 बजे के आस-पास ही सूर्यास्त होता है। हम दीवानों की तरह तसवीरों पर तसवीरें उतार रहे थे। जान गए थे कि यूँ ही नहीं यह दुनिया का सबसे बड़ा और सबसे सौष्ठवपूर्ण महानिर्झर है।

नियाग्रा के तीनों झरनों को भरपूर देखने के लिए अमेरिका की ओर ही एक '**नियाग्रा फॉल ओब्ज़र्वेशन टॉवर**' बनी है जो कि नदी पर बने आधे पुल के जैसी निर्मिति है। हम झटपट उस पर जा पहुँचे। वहाँ से जो अवलोकित हुआ और जो अहसास हुए वे गूँगी के गुड़ के समान ही केवल महसूस किए जा सकते हैं। झरनों में पानी के तेज़ बहाव के कारण उनकी ध्वनि भी खूब थी। उस ओब्ज़र्वेशन पुल पर सैंकडों पर्यटक थे और सारे ही झरने को अपनी आँखों के साथ अपने मोबाइल के कैमरे में सहेजने में मगन थे। पुल पर बाऊंड्री वाला हिस्सा मुश्किल ही खाली मिलता था कि बिना किसी अन्य व्यक्ति की रुकावट के तसवीर ली जा सके या चलचित्र निकाला जा सके। इस विशालकाय झरने को हम इतने करीब से, इतना साफ़-साफ़, साक्षात अपनी आँखों से देख पा रहे हैं, खुद पर विश्वास न आता था। वहीं थोड़ी-थोड़ी दूरी पर कुछ दूरबीनें भी अपनी पैनी नज़रें झरनों पर जमाए हुए थीं। उनमें डॉलर का सिक्का डालकर नियाग्रा के और पास का दृश्य देखा जा सकता है।

2-3 सिक्के बर्बाद करने के बाद भी हम उसका लाभ नहीं उठा पाए। यह कर्त्तव्य कैमरे की ज़ूम सुविधा ने निभाया।

रात्रि में कैनेडा की ओर से 'हॉर्स शू फ़ॉल' पर रंगीन रोशनियों की क्रीड़ा का शो होता है। इतना लम्बा सफ़र तय करने के बाद भी हमें कोई थकान नहीं थी। प्रकृति की विशुद्धता और स्वार्गिक दृश्यों ने हमारी थकान हर ली थी। हमने सतरंगी रोशनी देखकर ही वहाँ से हटने का निर्णय किया। पानी की तेज़ धार पर रंग-बिरंगी थिरकती झिलमिल रोशनियाँ प्रपात को और भी दर्शनीय बना रही थीं। प्रतीत होता था कि पूरी धरती जलधार के अवतरण का जश्न मना रही है या कि वारि होली खेलता हुआ आगे बढ़ा आ रहा है। करीब दस बजे तक हम अलग-अलग रंगों में नियाग्रा की अद्वितीय छटा को निहारते रहे। इतनी देर में भी भीड़ छँटने का नाम नहीं ले रही थी। जो आया, वह वहीं का होकर रह गया, जाने को मन ही न करता था।

***   ***   ***

अगले दिन सुबह फिर हम अमेरिकन फ़ॉल के पास पहुँचे और इस बार आते ही **'मेड ऑफ़ द मिस्ट'** की पंक्ति में लग गए। इसकी टिकट पहले ही बुक करा रखी थी। यह 28 डॉलर प्रति व्यक्ति थी। उसकी रसीद दिखाकर टिकट काऊंटर से नई टिकट लेनी थी। लम्बी लाइन थी, लेकिन 5-6 काऊंटर कार्यरत होने से जल्दी ही नम्बर आ गया। जिस ओब्ज़र्वेशन टॉवर से कल नज़ारे निहार रहे थे, उसी पर लगी लिफ़्ट से हमें लगभग 170 फीट नीचे गिरती नदी के तले तक ले जाया गया।

पहले झरने को उसके गिरने के उद्गमस्थल से देख रहे थे आज उसके पतनस्थल तक देखने की बारी थी। भीगने से बचाने के लिए हमें नीले रंग के प्लास्टिक के पौंचू कर्मचारियों ने दिए। उन पर बड़ा-बड़ा 'मेड ऑफ़ ट मिस्ट' छपा हुआ था। ये पतले प्लास्टिक के बने थे। एक बार इस्तेमाल के लायक मजबूती थी। गर्मी के कारण सबने बोट में सवार होने से ठीक पहले ही इन्हें अपने कपड़ों के ऊपर पहना।

यह दो डैक वाली एक

बहुत बड़ी बोट थी, जिसका नाम 'निकोला टेसला' था। ऐसी तीन बोट यहाँ अमेरिका की ओर से चलती हैं। ये विद्युतचालित होती है और शून्य कार्बन उत्सर्जन का दावा करती हैं। यह काठ व स्टील की बनी हुई 90 फिट लम्बी और 33 फिट चौड़ी नाव थी जो एक बार में 500 यात्रियों को झरने के पास तक की सैर करा सकती है। इसकी खासियत है कि यह बेआवाज़ चलती है और चलने से तरंगें पैदा नहीं होतीं। पानी की धारा में अपना संतुलन बना के रखती है, लड़खड़ाती नहीं है। इनकी गति की दिशा को 360 डिग्री तक आसानी से घुमाया जा सकता है। इनका इतिहास 1846 से आरंभ होता है।

कमाल की बात यह थी कि बिल्कुल इसी तरह की नौका कैनेडा की ओर से भी चलती है, जिस पर लाल रंग के पौंचू (पतली प्लास्टिक की बरसाती) दिए जाते हैं। 400-500 सवारियों के नीले-नीले पौंचू अमेरिका से आए होने का परिचय झरने को देते हैं और लाल-लाल बिखरे रंग से भरा बेड़ा कैनेडा की ओर से आए होने का। प्रत्येक नैया अपने देश की सीमा में ही सफ़र तय करती है। इनका अनुशासन व सौहार्द्र सराहना की वस्तु है।

झरनों का पूरा आनंद लेने के लिए हम ऊपर वाली डैक पर सवार हुए। झरने के नीचे पहुँचकर, ऊपर से गिरते हुए 320 मीटर चौड़े अमेरिकन झरने को देख अकल्पनीय

रोमांच हो उठता है। यह झरना जहाँ गिरता है, वहाँ बहुत बड़ी-बड़ी चट्टानें हैं, जिन पर गिरकर उछलते हुए पानी का दृश्य अत्यंत खूबसूरत है। यहाँ झरने की ऊँचाई 30-35 मीटर तक है।

फैरी और आगे बढ़ी और हम धीरे-धीरे हॉर्स-शू फॉल के घेरे में आने लगे। कुछ दूरी तक तो यह झरना झरने जैसा ही लगता था। नाव और आगे बढ़ी तो हम तीन तरफ़ से झरने से घिरे हुए क्षेत्र में थे। अमूमन छ: लाख गैलन (6,400 मीटर घन) प्रति सैकेंड पानी नियाग्रा फॉल से 70 मीटर नीचे गिरता है। इस एक तथ्य से ही पानी के गिरने की क्रिया-प्रतिक्रिया को समझा जा सकता है। इस प्रतिक्रिया से ही अथाह पानी गिरने के बाद ऊपर की ओर उड़ता है, जिससे हर समय वहाँ धुंध का सा भ्रम बना रहता है। इस पानी के आयतन, गति, प्रचंडता और धरती पर प्रहार से प्रभु शिव के शीश पर गंगा मैया के गिरने की तीव्रता का अनुमान लगाने में कठिनाई नहीं हुई। झरने के नीचे बहुत-से पत्थर भी उसके गिरने से होने वाले भूमि के कटाव को रोकते हैं। साथ ही पानी के गिरने पर अपूर्व सौंदर्य का निर्माण करते हैं।

सिर पर पाँव रख दौड़ता सरवर नीर ऐसा झर रहा था कि समस्त विश्व को बहाकर ले जाएगा। ऐसा लगा कि मानो घाटी में तूफान आ गया हो। उड़ते हुए पानी का बवंडर उठ रहा था। उन छींटों की अधिकता और तीव्रता इतनी कि टिकना मुश्किल हो रहा था। आँख खोल झरने को देखना ही बड़ा मुश्किल था। सबके चश्मे, मोबाइल, पानी में भीग गए थे। तोयधार से उड़ते पानी की धुंध में कुछ दिखाई नहीं दे रहा था। ऊपर जल, नीचे जल, सामने जल, दाएँ-बाएँ जल ही जल; एक घबराहट की लहर-सी शरीर में दौड़ गई। बेड़े पर मजबूती से खड़े हुए, रेलिंग को थामे हुए भी स्वयं को जलनिमग्न-सा महसूस कर रहे थे।

दूर से बहुत-सी ऐसी फैरियों को आते-जाते देखा था कल भी और आज भी परंतु ऐसा लगता नहीं था कि नाव झरने के इतने करीब तक जाती होगी और ऐसे विचित्र अनुभव होते होंगे। छिटकी फुहार की बूँदों के थपेड़े ही इतने सशक्त थे कि सँभलना मुश्किल था। तब भान हुआ कि इस नौका को 'मेड ऑफ़ द मिस्ट' क्यों कहते हैं। हमने इसका हिंदी नामकरण किया- 'फुहार की रानी'। कुछ ही देर में नाव ने दिशा बदलना शुरु किया और हम झरती फुहारों और नीहार से दूर होने लगे तो साँस में साँस आई। सबने अपनी ऐनकों और कमरों के लैंस साफ किए और तसवीरें लेने में फिर से जुट गए।

दूसरी बार हम 'ब्राइडल व्हील' और 'अमेरिकन फ़ॉल' के आगे से निकले। 'हॉर्स शू' के उग्र स्वभाव के सामने ये दोनों तुलनात्मक रूप से शांत प्रतीत हुए। दोनों झरनों के बीच के द्वीप पर भी मौजूद बहुत-से लोग इन के अद्वितीय सौंदर्य का पान कर रहे थे। उधर कैनेडा की तरफ़ भी दर्शकों व पर्यटकों का मजमा लगा था। ऑब्ज़र्वेशन टॉवर के पास से गुज़रते हुए रेनबो ब्रिज के नीच से निकल कुछ और आगे तक गए और फिर यू-टर्न लिया। हर एक इंच से तसवीर ले सकते हैं, इतना सौंदर्य कण-कण में विराजमान है।

वापस आते हुए हमें अमेरिकन फॉल के पास इंद्रधनुष दिखा। 'मेड ऑफ़ द मिस्ट' से उतरने के बाद हम झरने के और पास तक बनी सीढ़ियों पर गए। यहाँ अप्रतिम दृश्य उपस्थित हो रहा था। सर्वथा अलौकिक! आलोकित! विस्मयकारी! होश उड़ा देने को आतुर! होश में आते ही इंद्रधनुष के साथ बहुत-सी तसवीरें लीं गईं। एक नहीं, अनेक इंद्रधनुष प्रकृति को सात रंगों में नहला रहे थे। सूर्य की किरणों पर थिरकती सतरंगी मोतियों की लड़ियाँ...!

अमेरिका में इस समय बहुत से पर्यटक आते हैं। नियाग्रा सबसे बड़ा आकर्षण है। अत: यहाँ भारी भीड़ जुटी थी। सभी को इंद्रधनु के साथ तसवीरें लेने की व्यग्रता और इसके जल्द गायब हो जाने की आशंका थी। लोगों को इस दृश्य के पीछे बहुत उत्तेजित देख प्रसन्नता हुई। कुछ ही मिनटों में हमने पुन: सीढ़ियों से नीचे आकर तले से ऊपर जाने वाली लिफ़्ट ली और पार्किंग लॉट की ओर गए।

आज ही हमें अमेरिका से कैनेडा जाना था ताकि वहाँ से भी नियाग्रा का लुत्फ़ उठा सकें। दोनों देशों के बीच एक पुल ही पार करना था। इस पुल का नाम भी 'रेनबो ब्रिज' यानि इंद्रधनुष पुल है। शायद यहाँ से तीनों झरनों पर बनने वाले इंद्रधनुष स्पष्ट दृष्टिगोचर होते होंगे। वह शनिवार का दिन था तो पुल पर अच्छी-खासी भीड़ थी। कारें पंक्तिबद्ध रूप से अपनी-अपनी बारी का इंतज़ार कर रही थीं। कैनेडा का बॉर्डर पार करने के लिए बड़ी कार ही जा सकती है, ऐसा कहकर हमें बड़ी कार किराए पर दिलाई गई थी किंतु वहाँ हमने सभी तरह की कारों को सीमा पार की कतार में लगे हुए देखा।

बहुत अलग अनुभूति थी दो देशों की सीमा पर बहते पानी के ऊपर पुल पर खड़े रहना। हम आकलन कर रहे थे कि राजनीतिक नक्शे के अनुसार पुल पर रुके हुए कौन-कौन से वाहन कैनेडा की धरती पर कहलाएँगे और कौन से अमेरिका की धरती पर। यह मनोरंजक खेल था।

नियाग्रा से उठती तुषारबिंद का अद्भुत पल पुल से कैमरे में समेट कर लिया। इतनी देर में हमने नियाग्रा का इतिहास-भूगोल खँगालना शुरु किया। नियाग्रा में आने वाला पानी पीछे से चार झीलों से बहकर आता है। ये चार झीलें हैं- सुपिरियर, मिशिगन, ह्यूरॉन और एरी। एरी झील से बहता हुआ नियाग्रा नदी का पानी ओन्टेरियो झील में गिरता है। इस झील से बहता हुआ यह दो देशों के बीच बहता हुआ सेंट लॉरेन्स नदी में ढल जाता है। फिर सेंट लॉरेन्स की खाड़ी में मिलकर एटलांटिक महासागर में मिल जाता है। दोनों देशों की सीमा-रेखा सुपिरियर, ह्यूरॉन, एरी और ओन्टेरियो के पानी को आपस में बाँटती है मगर मिशिगन झील पूरी तरह से अमेरिका में ही आती है। ऐसे ही सेंट लॉरेन्स नदी भी कुछ दूरी तक दोनों देशों के बीच चलती है फिर कैनेडा की तरफ़ मुड़ जाती है। यह इन दो देशों की कितनी बड़ी विवेकशीलता है कि ये चार झीलें, निर्झर व नदी आधी-आधी दोनों देशों में बँटी हुई है। वरन् यह कहूँगी कि दोनों देशों में बसी हुई है बिना किसी विवाद के।

कैनेडा का वीसा अलग से लगवाना होता है। दोनों को लगवाने की लम्बी प्रक्रिया होती है। एक बार दोनों वीसा लग जाए तो दोनों देश घूमने में कोई दिक्कत नहीं। अमेरिका से कैनेडा या कैनेडा से अमेरिका आने-जाने में इमिग्रेशन की ही औपचारिकताएँ हैं।

लगभग 2 घंटे की चेकिंग, प्रश्नोत्तरी तथा चर्चा के बाद हम चारों को कैनेडा की सीमा में प्रवेश दे दिया गया। इमिग्रेशन दफ़्तर में एक सुरक्षा-गार्ड सिक्ख भाई हमें देखकर बहुत खुश हुए जैसे कोई अपना उन्हें मिल गया हो। प्रवासी भारतीयों की अनुभूतियाँ हमसे छुपी हुई न थीं। अपने देश का व्यक्ति भी अपने भाई जैसा होता है। इमिग्रेशन से निकलकर भूख से व्याकुल हमने सीधा खाने के लिए दौड़ लगाई। उसके लिए हमने ढूँढा पिज़्ज़ा-पिज़्ज़ा '**सेंट कैथरीन्स**' में, जिसे 'द गार्डन सिटी' भी कहा जाता है।

यहाँ स्ट्रीट लाइट के खंभों पर फूलों की बड़ी टोकरियाँ लटकाकर प्राकृतिक सुषमा बिखेरी हुई थी। पेट पूजा कर फिर कार्यक्रम बनाया कि आज टोरंटो देख लिया जाए और कल का सारा दिन नियाग्रा की भेंट करेंगे। रास्ता 90 मिनट का था परंतु ट्रैफिक के कारण वह खिंच-खिंचकर 3-4 घंटे का हो गया तो हम बीच रास्ते से ही निवास पर लौट आए। शायद नियाग्रा हमें पुकार रहा था।

*** *** ***

नियाग्रा के आस-पास यह तीसरा दिन था। कैनेडा में भी किनारे पर 'नियाग्रा फॉल्स पार्क' बना हुआ है। इसका दोदिवसीय 'भ्रमण पास' 79 डॉलर प्रति व्यक्ति की दर से ऑनलाइन ही उपलब्ध रहता है। इसमें कई भ्रमण-स्थल सम्मिलित थे, जैसे- 'जरनी बिहाइंड द फ़ॉल्स, नियाग्रा पार्क्स पॉवर स्टेशन', टनल, व्हाइट वॉटर वॉक, व्हर्लपूल ऐरो कार, नियाग्रा की फ्यूरी, रेल यात्रा, बस यात्रा आदि।

अमेरिका की तरफ खड़े हुए कैनेडा के होटल और प्रसिद्ध स्काईलॉन टॉवर दिखाई देती थीं। यहाँ का नज़ारा ही कुछ और था। दोनों की सीमाओं का सौंदर्य एक-दूसरे से भिन्न होकर भी परस्पर पूरक था।

नियाग्रा पार्क्स पॉवर स्टेशन के ठीक सामने पार्किंग ग्राऊंड में हमने पूरे दिन के लिए कार खड़ी कर दी और पैदल ही नियाग्रा पार्क वैलकम सैंटर की ओर चल दिए। यह 'फ़ॉल्स इनक्लाइन रेलवे' के स्टेशन पर ही बना हुआ था। टिकट खिड़की पर हमने अपने 'टूर पास' दिखाए तो उस्पस्थित महिला ने हमारे लिए 'व्हर्लपूल ऐरो कार', 'व्हाइट वॉटर वॉक' तथा 'नियाग्रा पार्क्स पॉवर स्टेशन' के कालांश, जो भी उपल्ब्ध थे, बुक कर दिए। वे सभी सावधिक टिकटें लेकर हम 'ग्रीन लाइन नॉर्थ' स्टेशन पर पहुँचे और वहाँ से व्हर्लपूल ऐरो कार तक जाने के लिए बस लेनी थी। हर पंद्रह मिनट में यह बस चलती है। करीब दस मिनट बाद हमने बस पकड़ी। यह 'वीगो' बस कहलाती है और यह दो डिब्बों वाली बस थी।

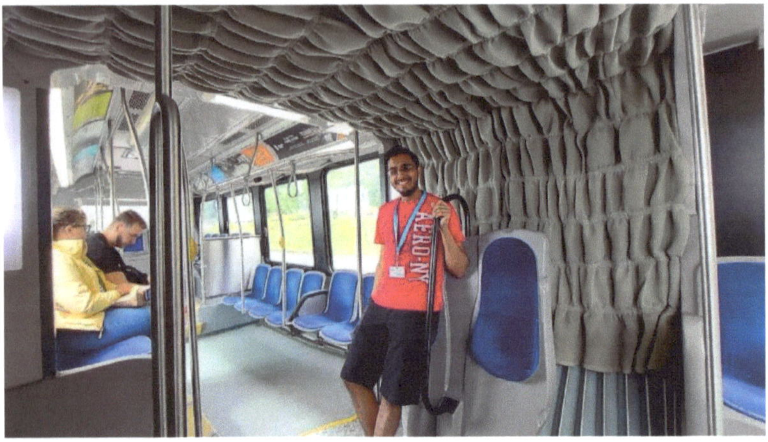

दो डिब्बों के पर्देनुमा जोड़ पर 4 सवारियों के खड़े होने के लिए कमर को सहारा देने वाली खड़ी सीटें लगी थीं। स्थान का उपयोग और सुविधा, दोनों ही लाजवाब थे। चलती बस में से झरने के कई चित्र उतारे। बस ने हमें 5.5 किलोमीटर का मार्ग तय कर आधा घंटे में वहाँ पहुँचा दिया था।

नियाग्रा फ़ॉल से गिरने के बाद विदर-घाटी में बहते हुए 5 किलोमीटर रास्ता तय कर यह नदी एक समकोण बनाती हुई आगे बढ़ती है। कोण की नोक पर आते पानी का तेज़ बहाव वहाँ भँवर बनाता हुआ दिशा बदलकर आगे बढ़ जाता है जैसे किसी वाहन ने गोल चक्कर पर परिक्रमा कर सीधे हाथ का मोड़ ले लिया हो। इसी भँवर वाले स्थान के ऊपर तारों की पटरी पर एक बड़ा हिंडोला घाटी के एक सिरे से दूसरे सिरे तक जाता है जिसे **व्हर्लपूल ऐरो कार** कहा जाता है। इससे आती धारा के भँवर में घूमने का दृश्य ठीक उसके ऊपर से देख सकते हो। नाम भी एकदम सटीक ही दिया है।

इस झूलती ट्रॉली में 20-25 लोगों के खड़े रहने लायक स्थान था। इसमें सुरक्षा के सारे प्रबंध थे। हर चक्कर में ऐरो कार कम्पनी का एक कर्मचारी सुरक्षा संबंधी हिदायतें देने और चाक-चौबंदी की देख-रेख के लिए था। हम इसकी सीमा के अंदर रहकर ही फ़ोटोग्राफ़ी कर रहे थे। कहीं गलती से मोबाइल हाथ से छूट गया तो अंतिम विसर्जन ही जानो उसका। उसके साथ ही अब तक की सारी यात्रा की तसवीरें ही स्वाह हो जातीं। हिंडोला दूसरी ओर रुका नहीं। जैसा गया था वैसा ही वापस आया। वापसी में ऐरो कार के कर्मचारी ने सभी सवारियों को दिशा बदलने के लिए कहा। उल्टे हाथ वाले सीधे पर आ खड़े हुए और सीधे हाथ वाले उल्टे पर।

जबकि सम्पूर्ण धारा दोनों देशों में आधी-आधी बहती है, फिर भी ऐरो कार का पथ पूरी तरह कैनेडा के हिस्से में बनाए रखा गया था, यह बात भी चकित कर देने वाली थी। इसमें झोटे लेना, यह एक रोमांचकारी अनुभव था।

इससे बाहर हम निकले तो अगला गंतव्य 'व्हाइट वाटर वॉक' था जो ऐरो कार स्टेशन से एक किलोमीटर ही दूर था। अगली बस आने में पंद्रह मिनट शेष थे। हमने बस का इंतज़ार करने की बजाए पैदल जाना ही ठीक समझा। मौसम भी इतना खराब न था। हमें नदी की धारा को देखते हुए चलना अच्छा लग रहा था। घाटी के

ढलान पर प्रकृतिजन्य बहुत-सी वनस्पति उगी हुई थी जिसमें सेब के पेड़ बहुतायत में थे।

छोटे-छोटे सेबों से लदे हुए ये पेड़ हमें रोकने में सक्षम हो गए। हमने कुछ सेब तोड़कर चखे। वे खट्टे थे, पर कड़वे नहीं थे। हम सेब खाते हुए आगे बढ़ते रहे। लगभग पूरे रास्ते सेब से भरी लताएँ सड़क की बाउँड्री के ऊपर झूल-झूलकर हमें न्यौता दे रही थीं। रास्ते में एक थाई मंदिर 'टेन थाऊज़ैंड बुद्धा सरिरा स्तूप' भी दिखाई दिया। हमने सोचा कि अपने आज के गंतव्य पूरे कर इसके भी दर्शन कर लेंगे परंतु अवकाश न मिला।

'**व्हाइट वाटर वॉक**' में हमें लाइन में लगाया गया। थोड़े-थोड़े मनुष्यों को वहाँ के कर्मचारी लिफ़्ट में ले जाकर नीचे छोड़ के आते थे। नीचे पहुँचकर हमने पाया कि नदी की धारा के साथ-साथ लकड़ी के पुल पर चलने का मार्ग बनाया हुआ है। झक सफेद नदी की प्रवाह के साथ आप पुल पर चलते-चलते इसके इतिहास की जानकारी ले सकते हैं। पुल पर जगह-जगह बोर्ड लगाकर ऐतिहासिक-भौगोलिक-वैज्ञानिक जानकारियाँ लिखी गई हैं।

थकान होते हुए भी हमने रुकते-चलते अंत तक पुल की यात्रा की। वहाँ 5 मिनट विश्राम कर पुन: हिम्मत जुटाई और वहाँ से बाहर आकर भोजनालय की खोज की। कुछ दूरी पर क्वीन्स रोड पर 'पराँठे वाली गली' नाम का भारतीय रेस्टोरेंट है, ऐसा गूगल बाबा ने बताया तो हम उनके बताई राह का अनुसरण कर ठीक वहीं पहुँच गए। उसके पास ही 'सेंटेनियल स्क्वैयर' पर फव्वारे आदि से सुहावना वातावरण बनाया हुआ था। वहीं से हमने लौटते हुए नियाग्रा फ़्यूरी के लिए 'वीगो' बस ली। उसी के पास '**जर्नी बिहाइंड द फ़ॉल्स**' का भी प्रवेश है। पहले इसे ही करने का निश्चय किया। इसके प्रवेश मंडप में लगी तसवीरें आकर्षित करने वाली थीं।

धरती की सतह से बहती हुई नियाग्रा नदी ज़मीन के नीचे एक चौड़े विदर में गिरती है अत: हर बार धारापात के पास जाने के लिए एसकेलेटर द्वारा नीचे जाना होता है। यहाँ भी हमें पीले रंग के प्लास्टिक से बने पौंचू देकर छोटे-छोटे समूह बनाकर नीचे उतारा गया। धरती के नीचे पहुँचकर एक छोटी-सी सुरंग को पार कर जब हम बाहर पहुँचे तो हॉर्स शू फ़ॉल के एक छोर के बिल्कुल नीचे ही खड़े थे। इस स्थान से तीनों झरनों के सौंदर्य को निहारा जा सकता था।

झरने के बहुत पास होने से गिरते हुए पानी की बौछारें खूब हमारे ऊपर आ रही थीं। यहाँ दो तल वाला छज्जा बना हुआ था। हमने दोनों तल से सुंदर चित्र उतारे। सूरज की चमचमाती किरणों से उड़ते पानी की बूँदों पर आज फिर इंद्रधनुष दिखाई दे रहा था। यहाँ फ़ोटो स्टूडियो में झरने के साथ तसवीर खिंचवाने की भी व्यवस्था थी। 45 डॉलर में हमने दो तसवीर ले लीं। वापस आने की सुरंग पकड़ी तो पाया बीच में से एक और सुरंग झरने की धारा के ठीक पीछे भी ले जाती है। लेकिन सुरक्षा की दृष्टि से उसे बाहर की ओर बंद कर रखा है। उसके थोड़ा पीछे ही आप तसवीरें ले सकते हो परंतु पानी की तीव्र गति के कारण कैमरे में अधिक कुछ कैद नहीं हो पाता।

यह पॉइंट पूरा कर हम **नियाग्रा फ्यूरी** के लिए गए। यह एक थ्री-डी थियेटर है। इसमें भी हमें एक हलके नीले रंग का पौंचू दिया गया। थियेटर में नियाग्रा झरने के निर्माण और इसके अन्वेषण की कहानी को चलचित्र के माध्यम से बताया गया था। इस झरने को तैर कर पार करने वाले साहसी या दुस्साहसी कारनामों के बारे में भी बताया गया। वास्तविक-सम त्रिदिक् अनुभूति के लिए बीच-बीच में दर्शकों पर फुहारें छोड़ी जाती थीं। बाकी सभी अति उल्लास से भरी चीज़ों के सामने यह उतना भाने लायक न लगा था।

अब मुख्य आकर्षणों में '**नियाग्रा पार्क पॉवर स्टेशन**' तथा '**टनल**' ही शेष थीं। यह 500 मीटर दूरी पर ही थी। अत: हम वहाँ चल पड़े।

यह एक बड़ा क्रियाशील पॉवर स्टेशन था। इसके अंदर बड़ी-बड़ी मशीनें और बैरल प्रदर्शित थे तो छोटे-से-छोटे विवरण को बारीकी से दर्शाया गया था। पॉवर स्टेशन की गुप्त ऐतिहासिक कथाओं को यहाँ उजागर किया गया था। कुछ हिस्सों में जाना प्रतिबंधित था। नियाग्रा के ये तीनों झरने अमेरिका में सबसे अधिक पानी का स्राव करते हैं। दिन में पर्यटकों के देखने के लिए इसके बहाव को प्रतिबंधित नहीं किया जाता अत: 168,000 मीटर घन पानी प्रति मिनट की दर से गिरता है। हॉर्स शू फ़ॉल के स्रवण की गति सबसे अधिक है। ये झरने अपने भरपूर सौंदर्य के साथ-साथ हाइड्रोइलैक्ट्रिक पॉवर के लिए भी मशहूर हैं। पॉवर संयंत्र के लिए रोक लगाने पर इसकी सुषमा को आँच आती है। अत: इसके मनोविनोद, आकर्षण, व्यवसाय और उद्योग सबको संतुलित रूप से बनाए रखना एक बड़ी चुनौती है।

थोड़ी देर देखकर मशीनी विज्ञान में अधिक रुचि न होने और थकान होने के कारण मैं एक जगह बैठ गई और बाकी परिवार सब मशीनों को देख-समझकर वापस आया। हमारी टिकट में जो एक आकर्षण 'टनल' का था, उसमें जाने की लिफ़्ट इसी पॉवर स्टेशन के अंदर थी। अब इतनी प्रबल इच्छा तो नहीं थी लेकिन 'जब आए हैं इतनी दूर तो क्यों छोड़ें' वाली भावना से हमने लिफ़्ट ली। यह शीशे की दीवारों वाली लिफ़्ट थी। और लिफ़्ट के दोनों ओर विशालकाय टरबाइन दिख रही थीं। एक भय-सा व्याप्त हो रहा था इतनी मशीनों में घिरे होने से। जब हमने नीचे पहुँचकर सुरंग को देखा तो हम भौंचक्के रह गए। यह एक अच्छी-खासी चौड़ी और किलोमीटर लम्बी सुरंग थी। जिसमें जगह-जगह से नियाग्रा नदी का पानी रिस रहा था।

हम वास्तव में झरना बनने से पहले वाले स्थान पर नदी के नीचे सुरंग में चल रहे थे। इस सुरंग में प्रकाशित शब्द-पटलों पर बहुत-सी जानकारी दी हुई थी। इस पूरी सुरंग में 15 डिग्री सेल्सियस का तापमान था। हम ठंड से ठिठुर रहे थे। यहाँ का लोमहर्षक आनंद हमें आगे ही आगे चलाए जा रहा था। सुरंग के अंत में पौंचू पहनकर बाहर तक झरने के तले तक देख आने की छूट थी। हम कैसे यह अवसर छोड़ सकते थे। यह एक अलग ही आनंद का मौका था। जगह-जगह पौंचू और प्लास्टिक का इस्तेमाल हमें कचोट रहा था। उसका समाधान यहाँ था कि उतारा हुआ पौंचू आप रिसाइकिल वाले कंटेनर में जमा करा सकते हो। हमने ऐसा ही किया। केवल एक-

एक पौंचू हर स्थान का अपनी स्मृति के लिए अपने साथ रख लिया।

कहते हैं कि रात्रि में तो इस कभी वीरान रहे पॉवर स्टेशन में जान आ जाती है और इसमें कभी न भूलने वाला अनुभव होता है किंतु टनल के कारण इसमें शाम 7 बजे के बाद प्रवेश नहीं दिया जाता। अमेरिका की ओर हमने 'केव ऑफ़ द विंड्स' नहीं आजमाया जिसकी भरपाई यहाँ हो गई थी। झरने की धार के पास जाने के अनुभव उससे बेहतर और कई बार हो गए थे।

इस पॉवर स्टेशन को 115 वर्षों से कैनेडा की कम्पनी चला रही थी और हॉर्स शू झरने की ऊर्जा से विद्युत का निर्माण कर रही थी। अभी कुछ सालों से इसके टरबाइन रोक दिए गए हैं और इसके आश्चर्यजनक जलचालित पॉवर स्टेशन को मनोरंजक और ज्ञानवर्धक सामग्री में तब्दील कर दिया गया है। यह इसके आलीशान इतिहास तथा वास्तुकला की विशिष्ट जानकारी देता है। इसके अतिरिक्त उन सभी मार्गदर्शकों और महाअभियन्ताओं के बारे में यह बताता है जिहोंने इसे स्थापित करने के सुस्वप्न देखे और कार्यान्वित कर दिखाया। पानी से बिजली बनने के इस चमात्कारिक संयंत्र को देखने मात्र से हममें अपार ऊर्जा का संचार हुआ था।

इस जीवन-विशाल अनुभव से पुलकित हम पुन: वैलकम सैंटर की ओर चल दिए। वहाँ **नियाग्रा इनक्लाइन रेलवे स्टेशन** के हिंडोले में सवारी भी तो करनी थी।

हम इसमें सवार हुए। यह एक लिफ़्ट जैसी ही थी जो ज़मीन से 45 डिग्री के कोण पर ऊपर उठती जाती है। इसमें चढ़कर हम एक ऐसे जीवंत जहान में पहुँचे जिसका हमें कोई अंदाज़ा नहीं था।

इस इनक्लाइन रेलवे से सैलाब रूप में उमड़ती नदी को झरने में तब्दील होते देखने का अनुभव करिश्मे जैसा था। दूर से दौड़ी आती नियाग्रा नदी के उफ़नते-उमगते प्रवाह को सामने और ऊँचाई से हम देख पा रहे थे। बराबर के धरातल से, फिर निचाई और अब ऊँचाई से हम नियाग्रा को निहारकर प्रसन्न हो रहे थे। आँखें उस पर से हटती ही न थीं।

पानी का रंग आसमान का रंग सब एक हुआ जाता है। क्षितिज रेखा ढूँढे से भी न मिलती थी। जल गगन का आलिंगन कर रहा था और गगन जल में घुला जा रहा था। या कि नभ ही टूटकर सरिता में मिल गया था।

पर्यटन आँकड़ों के मुताबिक नियाग्रा के चमत्कारिक पाश में बँधे हर साल दुनियाभर से करीब डेढ़ करोड़ पर्यटक आते हैं। बर्फीले मौसम में नियाग्रा जलप्रपात हिमप्रपात रूप धारण कर लेते हैं। इस तब्दीली के बाद भी पर्यटकों की लम्बी कतार यहाँ पाई जाती है। महाप्रपात को बर्फ से जमा हुआ देखना एक विलक्षण अनुभव होता हैं। ठंड में स्थानीय पर्यटकों की संख्या कहीं अधिक होती है।

हमारे पीछे ही '**लॉक ब्रिज**' था। जिस की जालियों पर हज़ारों तरह के छोटे-बड़े ताले लगे थे। ये ऐसे ही था जैसे भारत में मन्नतें माँगने वाले किसी मंदिर के बाहर पेड़ पर सैंकड़ों मीटर कलावा बाँध देते हैं। बड़े-से-बड़े और छोटे-से-छोटे ताले उसकी सलाखों को घेरे हुए थे। अपने गठजोड़ को कभी खुलने न देने की चाहत से ये ताले लगाए गए लगते थे। कई तालों पर उनके लगाने वालों का नाम आदि भी अंकित था।

उस पुल पर अनायास ही पहुँचे थे जो हमारी योजना का हिस्सा नहीं था। वह हमें हँसा भी गया और भावुक भी कर गया। उससे होकर हम जिस जगह पहुँचे वहाँ पाँच सितारा होटल हाथ में हाथ डाले उचित दूरी बनाए सिर उठाए खड़े थे। यह स्थान 'फ़ॉल्सव्यू बुलेवॉर्ड' कहलाता है।

रेस्टोरैंट के बाहर पश्चिमी संगीत की महफ़िलें जमा थीं। वाद्य यंत्रों की धुन में सुर मिलाते हुए युवा गायक का संगीत शाम सुहानी कर रहा था। हम और हमारे जैसे अन्य राह पर आते-जाते लोग रुककर संगीत का आनंद ले रहे थे। वहाँ के खुशनुमा माहौल का स्वाद चखकर रात्रि नौ बजे हम वहाँ से निकले। अगले दिन 8-9 घंटे की यात्रा कर वाशिंगटन डी.सी. पहुँचने का दिन था।

नियाग्रा के आस-पास तीन दिन विचरण करना बहुत अविस्मरणीय यादें देकर गया। इस प्रवाहमान प्रपात को स्थिर शीतप्रपात के रूप में देखने की तमन्ना लिए हम अपने अगले गंतव्य की ओर बढ़ चले।

बोलती दीवारों की एकस्वरी दुनिया : वाशिंगटन डी.सी.

तीन दिन नियाग्रा के सौंदर्य में स्नान कर हम चौथे दिन वाशिंगटन डी.सी. के लिए निकले। वाशिंगटन के साथ डी.सी. लगाना उतना ही आवश्यक है जितना किसी के नाम के साथ उसका सरनेम। इसका कारण यह है कि वाशिंगटन नाम का एक राज्य भी अमेरिका में है और यह वाशिंगटन डी.सी. कोलम्बिया राज्य में है। रास्ते में पड़ने वाले 'इथाका' के बारे में बहुत सुन रखा था। नाम से तो यह अफ्रीका का कोई स्थान प्रतीत होता था। खोजने पर मालूम हुआ कि मूल अमेरिकी लोग हज़ारों साल से इस स्थान पर रहते थे। आठ-नौ घंटे की ड्राइव की बोरियत से बचने के लिए हमने बीच में न्यूयॉर्क राज्य के इसी **'इथाका'** शहर से होकर जाने का निर्णय लिया।

इथाका के पहाड़ी स्थल, संकरे मार्ग, झरने आदि बहुत प्रसिद्ध हैं। इस जगह को घूमने का निरापद आनंद पतझड़ के मौसम का ही है और हम लगभग उसके आस-पास ही थे। इथाका को झीलों और झरनों के शहर के नाम से जाना जाता है। 'टॉगोनॉक', 'लिक ब्रूक', 'ट्रिफामेर' आदि मुख्य झरने हैं। प्राकृतिक सम्पदा भरपूर होने के कारण यहाँ के 'फ़ार्मर्स मार्केट' यानि किसान बाज़ार बहुत प्रसिद्ध हैं। प्रकृति यहाँ अपने अनछुए सौंदर्य के साथ विराजी है। 'सैपसकर वुड्स' में केन्या के जंगलों का-सा मज़ा है। इथाका को उतना खोजा-घूमा नहीं गया है, जितना कि यह रमणीक व आकर्षक है।

लगभग 3 घंटों के सफ़र के बाद तथा 175 मील की दूरी तय कर, हम इस रमणीय स्थल पर पहुँच ही गए। एक सुभग पहाड़ी पर स्थित **कोर्नेल यूनिवर्सिटी** का भ्रमण करना तो अत्यंत आवश्यक ही था। यूनिवर्सिटी शुरु होते ही कहाँ कार रोकी जाए ताकि सुविधा से घूमा जा सके और हम पहाड़ी के ऊपरी हिस्से पर हों, लोगों से पूछताछ कर के ही जाना जा सका।

1865 से बनी, पहाड़ के ऊपर बसी, इस यूनिवर्सिटी में घूमने पर शिमला में घूमने जैसा आनंद आ रहा था। वाकई यहाँ के विश्वविद्यालयों का वास्तुशिल्प भी इतना सुंदर है कि अब ही जाना क्यों दुनियाभर के विद्यार्थी इसमें दाखिला लेने को लालायित रहते हैं। यह भी पता चला कि यह आई.वी. लीग विश्वविद्यालयों में से एक है।

परिसर के सबसे ऊँचे हिस्से की ज़मीन पर खड़े होकर, सामने चर्च जैसी इमारत व रिहायशी निर्माण दिखाई दे रहे थे। लगता था कि विद्यार्थियों के आवास स्थल होंगे या होस्टल आदि। इनके पीछे ज्ञान का अथाह समुद्र हिलोरें लेता साक्षात प्रतीत होता था। चारों ओर हरियाली देख आँखों मे सदा के लिए बसा लेने को जी चाहता था। पूछने पर पता चला कि 'कायुगा पहाड़ी' के 'लाइब ढलान' पर यह कोर्नेल यूनिवर्सिटी का पश्चिमी कैंम्पस बना हुआ है। इसके पीछे ही 'कायुगा झील' है।

'ओंटेरियो झील' के पास बनी कई 'फिंगर लेक' में से सबसे बड़ी झील कायुगा ही है।

वाचनालय, पुस्तकालय तथा कई प्रकार के विशेष आयोजन के लिए बने हॉल का भीतर-बाहर से निरीक्षण किया। बहुत अच्छा लगा यह देखकर कि यहाँ बैठ विद्यार्थी ज्ञानरत्न का कोष संचित करते हैं।

इन परिसर में लगभग डेढ़ दर्जन भोजनालय व चायघर हैं जिनमें से कई के आगे से हम गुज़रे किंतु एक ऐसा था जिसे देखते ही हमारे कदम ठिठक गए। 'अमित भाटिया लाइब कैफे' ने हमारा ध्यान बरबस अपनी ओर खींच लिया। लगा कि भई, इस कैफ़ेटेरिया का मालिक तो अपना ही कोई भाई-बंधु है, तो इसका मुनाफ़ा कराना तो अपना फ़र्ज़ बनता ही है।

उसके आलीशान कैफ़े में मिल्क शेक

पीये। चार अलग-अलग तरह के शेक ऑर्डर किए गए। उन्हें धीरे-धीरे सिप कर गर्मी को मात देते हुए हमने परिसर के खुले गलियारों में सैर-सपाटा किया।

परिसर के मध्य ही 'बीबे झील' भी है जिस पर कई चित्रार्थ स्थल हैं। वहीं 'त्रिफामर झरना' भी है और 'सैकेट्ट पुल' भी है जिसे पैदल पार कर झील के उस ओर पहुँचा जा सकता है। गर्मी बहुत थी और समय कम। जानते थे कि इथाका स्वयं के अन्वेषण को कम से कम दो दिन की माँग करता है और हमारे पास ये देने की क्षमता न थी। आगे वाशिंगटन का रास्ता हमें पुकार रहा था। फिर भी हमने पहाड़ी से नीचे उतरते हुए एक-दो झरने चलती कार से ही देखे।

बहुत सारी नदियों और झीलों का पानी 'कायुगा झील' में गिरता है। अत: बहुत न सही तो एक के पास हमने कार रोकी। यह **'फ़ॉल क्रीक गोर्ज'** थी। बारह हज़ार वर्ष पूर्व हिमयुग की समाप्ति पर बर्फ़ पिघलने से इस गोर्ज का निर्माण हुआ। वर्षा ऋतु में156 फुट ऊँचा यह 'इथाका झरना' अपने ही किनारों को तोड़कर बह निकलता है। इस झरने के किनारे 'इथाका फ़ॉल्स नेचुरल पार्क' भी बना हुआ है। प्रकृति के मध्य से गुज़रने के लिए ट्रेल भी चिह्नित है। पहाड़ी स्थल होने से वहाँ कई ट्रेल के संकेत मिल रहे थे। जैसा कि हमें आगे जाने की जल्दी थी और दिन के प्रकाश में ही वाशिंगटन पहुँचने का प्रयास था। कुछ घंटों में ही अपना बना गया इथाका का कौमार्ययुक्त सौष्ठव सदा स्मृति में बसा रहेगा।

गंतव्य के मार्ग में 'बटरमिल फ़ॉल्स स्टेट पार्क' तथा 'रोबर्ट एच. ट्रेमन स्टेट पार्क' भी पड़े, जहाँ कुछ घंटे गुज़ारे जाने चाहिए थे। परंतु हमें तो 350 मील जाना था जो बिना रुके छ: घंटे का सफ़र था और अपराह्न भोज के लिए रुकने के बाद तो 7 घंटे।

रास्ते में एक जगह 'क्विक मील' लेकर तथा अन्य आवश्यक क्रियाओं से निवृत्त होकर फ़िल्मी गाने सुनते-सुनाते हमने वाशिंगटन के एयर बीएनबी वाले गृह में प्रवेश किया। घर के मुख्य दरवाज़े की चाबी आँगन में लगे एक ताले के अंदर थी और उस ताले की चाबी प्रवेश द्वार के पीछे बनी खोह में और प्रवेश द्वार एक यूनिक कोड से खुलता था। सुरक्षा के कड़े इंतज़ाम ने हमें गदगद कर दिया। मकान मालकिन स्वयं दूसरे तल पर रह रही थीं और जमीनी तल आगंतुकों के लिए था। यहाँ हमें कोई दिक्कत नहीं हुई। किसी भी वस्तु की आवश्यकता होने पर मालकिन उसे सीढ़ियों पर पहुँचा देती और हम वहाँ से उठा लेते। हमें वहाँ पहुँचाकर सूर्य देवता ने भी विदा ली और हमने भी अपना सामान जमाकर व सायंकालीन चहलकदमी की। सड़क पर कुछ दूर तक ही रोशनी थी। आगे की कॉलोनी अंधकार में डूबी थी। क्या यहाँ भी बिजली गुल हो जाती है? इस प्रश्न के साथ हम लौट आए और ए.सी. चलाकर बिजली का लाभ उठाना व शयन करना उचित जाना।

*** *** ***

सुबह उठकर हमने आस-पास की गलियों का मुआयना किया। आस-पास खिले फूलों के चित्र उतारे। गली-सड़कों के किनारे बने छोटे-छोटे स्थानीय चर्च भी हमें लुभाने में कामयाब रहे और हमारे कैमरे की रील का हिस्सा बन गए।

घरों के आँगन बालकों के क्रीड़ा क्षेत्र होंगे। आँगन में रखी मेजों पर शतरंज व अन्य खेलों के छापे बने थे। पेड़ों की घनी छाया सड़क के दोनों ओर व बीच में भी थी। कुछ गलियाँ टापने के बाद अग्निशमन वाहन की रिपेयर वर्कशॉप भी थी, जहाँ एक वाहन का कार्य होते हुए देख रोमांच हो आया।

हम ओल्ड मार्केट हाऊस स्क्वैयर 'हिस्टोरिक एनाकोस्टिया' पर खड़े थे। कई दुकानों पर अश्वेत अपनी पूरी मस्ती से उपस्थित थे, जिनका डील-डौल देख डर हम छोटी कद-काठी वालों को उपजना स्वाभाविक था। ऐसी गलियों से हमने तुरंत यू-टर्न मार लिया। हल्के नाश्ते के बाद हम शहर घूमने निकल पड़े।

801 नम्बर बिल्डिंग की भूमिगत पार्किंग में कार को सुरक्षित खड़ा कर हम भूमि तल पर निकले तो वरांडे की चीन-जापान जैसी पुरातन रीति की साज-सज्जा ने मोहित कर दिया। नमूना देख, हमें यकीन हो गया कि वाशिंगटन डी.सी. हमें बहुत पसंद आने वाला है।

यह शहर तो वैसे भी है ही संग्रहालयों का साम्राज्य, 'स्मिथसोनियन म्यूज़ियम्स' के कुछ संग्रहालय हमारी प्रथम प्रधानता बनी। सभी तो नहीं, इनमें से हमने 'नेचुरल हिस्ट्री म्यूज़ियम', 'हिर्शहॉर्न', 'स्मिथसोनियन कैसल', 'स्मिथसोनियन गार्डन्स' चुने और साथ में 'वाशिंगटन मोनुमेंट'. 'लिंकन मेमोरियल' तथा 'रिफ्लेक्टिंग पूल' भी।

ओल्ड पोस्ट ऑफ़िस की इमारत के पास से गुज़रते हुए उसकी तसवीर उतारने के मोह को सँवरण न कर पाए। सोचा कि जब यहाँ डाकघर इतना आकर्षक हो सकता है तो और दर्शनीय स्थलों के तो कहने ही क्या!

शुरुआत की, **'नेचुरल हिस्ट्री म्यूज़ियम'** प्राकृतिक इतिहास के संग्रहालय से। इस म्यूज़ियम का आकार 18 फ़ुटबॉल के मैदानों के जितना है। यह दुनिया का सबसे प्रसिद्ध व सबसे बड़ा प्रकृति-विज्ञान ऐतिहासिक संग्रहालय है जो प्राकृतिक संसार और उसमें मानव का स्थान दर्शाता है। हमारे ग्रह पृथ्वी के, आग का गोला होने के समय से करोड़ों वर्षों के परिवर्तन और उस पर जीवन का प्रारंभ प्रदर्शनी, गतिविधि, प्राक्वस्तुओं तथा अन्वेषण द्वारा इसमें दिखाया गया है। इसके

सबसे अधिक देखे जाने वाले सेक्टर हैं- मानव का उद्गम, प्राकृतिक जीवाश्म, स्तनपायी जीव, समुद्री जीवन, मिस्र की ममी, कीटघर, तितली गृह आदि।

धरती के जन्म से वर्तमान रूप में आने तक की जानकारी हो, प्राचीन युग की या जैविका आहार ज़ंजीर की, सब कुछ इतना जीवंत था कि बिना लेखपत्र तख्ती के भी समझ आ जाए, या कि यों कहो कि अनपढ़ भी जान जाए।

यहाँ से पीछे की तरफ़ बाहर निकले तो सामने धूप में छाँह देता बड़ा-सा **'स्मिथसोनियन गार्डन'** था जिसके उस पार प्रोफ़ेसर जोसफ़ हेनरी की मूर्ति लगी थी जो कि स्मिथसोनी शिक्षणालय के प्रथम सचिव के रूप में जाने जाते हैं। उसके पार्श्व में 'स्मिथसोनियन कैसल' था। यह किला उन दिनों बंद था। कुछ देर 'स्मिथसोनियन गार्डन्स' में सुस्ताने का काम भी किया। रंग-बिरंगे फूल-पौधों ने जुलाई के महीने

की गर्म धूप में ठंडक का काम किया। छाया में हवा सुहानी लग रही थी और धूप में गर्म। कुछ देर में पैरों को आराम पड़ा तो आगे का रुख किया।

किले के ठीक पीछे ही 'नेशनल म्यूज़ियम ऑफ़ एशियन आर्ट', 'नेशनल म्यूज़ियम ऑफ़ अफ़्रीकन आर्ट' तथा 'स्मिथसोनियन आर्ट एंड इंडस्ट्रीस बिल्डिंग' मिलीं। इसके बाद 'हिर्शहॉर्न म्यूज़ियम' था।

स्मिथसोनियन के वाशिंगटन में 20 संग्रहालय व राष्ट्रीय पशुघर हैं। हम बहुत-से देशों में जा चुके हैं परंतु कभी भी किसी भी संग्रहालय को निशुल्क देखा हो, ऐसा याद नहीं। यहाँ स्मिथसोनियन के इन सभी संग्रहालयों व प्रदर्शनियों को एकत्र रूप से स्मिथसोनियन संस्थान (इंस्टिट्यूशन) कहा जा जाता है। सच में, यह शिक्षा का अद्भुत संस्थान ही तो है। ये सभी संग्रहालय संसार के सबसे दिलचस्प घटकों को जानने में हमारा मार्गदर्शन करते हैं।

हमें यहाँ से आगे ‘एयर एंड स्पेस म्यूज़ियम’ में जाना था। अत: ‘हिर्शहॉर्न’ के गोल चबूतरे पर कुछ क्षण व्यतीत कर आगे चले। दरअसल इस स्थान पर संग्रहालयों और प्रदर्शनियों की भरमार है तो आपको अपनी पसंद के अनुसार दर्शनीय स्थलों की सूची पहले से ही बनाकर चलना चाहिए। नहीं तो, एक के बाद एक लाइन से खड़े सभी संग्रहालय देखते तो सप्ताह निकल जाएगा। सभी को दो दिन में देखना तो संभव नहीं था अत: कुछ को चित्रादि निकालकर ही धन्य किया और अगले के लिए निकल लिए।

'हिर्शहॉर्न' की ठंडक का लाभ उठाकर आगे चले और इन दो भालेनुमा आकृतियों ने हमें रोक लिया। दूर से देखने पर कारीगरी किए हुए पेड़ के तने जैसे प्रतीत होते इन दोनों को पास से देखने पर जाना कि ये लोहे से निर्मित हैं। घास के बीच उसकी पहरेदारी करती ये आकृतियाँ भी हमारे कैमरे को भा गईं।

'एयर एंड स्पेस म्यूज़ियम' में निशुल्क प्रवेश मिलता है तो हमने उसे देखने का सोचा किंतु पहुँचकर पता चला कि पहले बुकिंग करानी होती है, वर्ना प्रवेश नहीं मिलता। कुछ देर भीड़ छँटने और प्रवेश मिलने के इंतज़ार में बिताए परंतु अंतत: आनन-फानन में वहीं खड़े-खड़े मोबाइल एप के द्वारा अगले दिन की बुकिंग करा ही ली। वहाँ आने वालों का रेला इतना अधिक था कि अगले दिन भी बमुश्किल शाम 4 बजे की ही बुकिंग मिल सकी। चलो, दुर्घटना से देर भली। अगर यह देखने को न मिलता तो बच्चे बहुत मायूस हो जाते।

फूड ट्रक्स से खाना खाना अमेरिकी शौक है। सुना बहुत था उसके बारे में, आज हमने भी आजमा लिया। मैक्सीकन फूड टाको और चावल खरीदे और पार्क की बेंच पर बैठकर चाव से खाए।

इसके पश्चात **'नेशनल मॉल'** के लिए आगे बढ़े। 'मॉल'..., यह शब्द पश्चिमी देशों से आया है, जिसका अर्थ होता है एक ही स्थान पर एक बहुत बड़ा बहुबाज़ार, जहाँ सुई से लेकर हवाईजहाज़ तक मिल जाएँ। ऐसा लगा था कि यह कोई ऐसी ही

मॉल होगी परंतु हैरानी हुई कि वाशिंगटन के राष्ट्रीय उद्यान 'नेशनल पार्क' को नेशनल मॉल कहा जाता है। इसके पीछे का कारण यह है कि इस स्थान पर भूत, वर्तमान व भविष्य एक साथ मौजूद हैं। स्मारकों और ऐतिहासिक स्थल जहाँ पूर्वजों को श्रद्धांजलि देते हैं वहीं 'स्वाथ ऑफ़ लैंड' भविष्य की कहानी कहता है। नेशनल मॉल पार्क वाशिंगटन डी.सी. के बीचों-बीच पड़ता है। दो मील फैले इस बाग के बीच में खड़ी है 'वाशिंगटन मोनुमेंट' की लम्बी इमारत और पूर्व में 'लिंकन मेमोरियल' तथा पश्चिम में 'यू.एस. कैपिटॉल'। 'लिंकन मेमोरियल' और 'वाशिंगटन मोनुमेंट' के बीच में है कृत्रिम तलैया जिसे 'रिफ्लेक्टिंग पूल' कहा जाता है।

कार पार्किंग की समस्या के कारण अकसर कार बहुत दूर एक जगह खड़ी कर देनी होती है और पैदल-पैदल ही ये सारे स्थल देखने होते हैं। अत: कुछ भी देखने जाते समय इस नेशनल पार्क से होकर गुज़रे बिना जाना संभव नहीं है। यह इन अर्थों में भी ऐतिहासिक है कि वर्तमान में हो रही सभी क्रांतियों, आंदोलनों और धरनों की जमीं यहीं बनती है और सभी प्रकार के उत्सवों को भूमि भी यह पार्क प्रदान करता है। उल्लास हो या

आक्रोश, यह पार्क सबका साक्षी बनता है। इस कारण भी इस पार्क का महत्त्व पत्थरों और ईंटों से निर्मित भवनाकृतियों से कहीं अधिक है। अब अगली दिशा थी 'वाशिंगटन मोनुमेंट', 'लिंकन मेमोरियल' तथा 'रिफ्लेक्टिंग पूल' की।

हमने नेशनल मॉल नामक पार्क में प्रवेश किया तो धूप सिर से उतरकर कमर पर आ गई थी और हम भी कमर कसकर पैदल चलने के लिए तैयार थे। मानसिक तैयारी और बात है और शारीरिक क्षमता दूसरी बात। गूगल पर पता करने पर 15-16 मिनट का रास्ता हमारे थके हुए पैरों को बहुत दूर लग रहा था। कुछ-कुछ बादलों ने भी रक्षा के लिए साथ निभाया तो हमने बढ़ते कदम को थमने न दिया। कहते भी हैं कि 'नेशनल मोनुमेंट' को देखने पूर्वी दिशा से आना चाहिए। हमने तुक्के से यही किया था। यह इतना प्रसिद्ध है कि हर कोण से इसकी तसवीर उतारी गई। इसके आगे, नीचे, दाएँ-बाएँ; हर ओर खड़े होकर इसे अपने पीछे के फ्रेम में बसाकर भरपूर

तसवीरें लीं। कारण कुछ यह भी रहा कि नियाग्रा में बैठे-बैठे भी हम इसकी अपनी योजनानुरूप तिथि की टिकटें न पा सके थे। अत: इसे बाहर से ही देखने का पूरा सुख उठा लेना चाहते थे। इसी स्थान से उत्तरी दिशा में 'व्हाइट हाऊस' भी दिख रहा था।

इसकी अनोखी तसवीर लिंकन मेमोरियल तथा विश्वयुद्ध दो मेमोरियल के मध्य बने 'रिफ़्लेक्टिंग पूल' के उस ओर से उतारी जा सकी।

नेशनल मोनुमेंट और लिंकन मेमोरियल के मध्य ही एक और ऐतिहासिक निर्मिति है- **'नेशनल वर्ड वार 2 मेमोरियल'**। यह उन डेढ़ करोड़ सेनानियों के सम्मान में बना है जिहोंने अमेरिका की हथियारबंद सेना में द्वितीय विश्वयुद्ध के दौरान युद्धक्षेत्र में कार्य किया। ऐसे चार लाख सैनिकों की याद में भी, जिन्होंने अमेरिका के लिए अपने प्राण गँवाए, यह स्मारक बनाया गया है। यह ऐसे खुले स्थान के रूप में है, जहाँ चौबीसों घंटे इसको देखा व समझा जा सकता है। वैसे पार्क का भ्रमण समय प्रात: नौ बजे से सायं दस बजे तक है।

द्वितीय विश्वयुद्ध में अमेरिका की विजय का प्रतीक यह गोलाकार स्थल बीच में एक फव्वारे से मनभावन बन पड़ा है। फव्वारे के चारों और ग्रेनाइट पत्थर के छप्पन खंभे हैं जो संयुक्त राज्य अमेरिका के अड़तालीस राज्यों, सात संघीय क्षेत्र तथा एक कोलम्बिया जिले की एकता के सूचक हैं। ये दो अर्ध गोलों के रूप में स्थापित हैं।

इसमें आमने-सामने बने हुए तेंतालीस फुट ऊँचे दो द्वार भी बने हैं जो उत्तर दिशा में एटलांटिक और दक्षिण दिशा में प्रशांत पर विजय के द्योतक हैं। दोनों तरफ़ एक-एक दीवार भी है जिस पर काँसे से उकेरे गए युद्ध संबंधी चित्र बने हैं। दाहिनी दीवार की चित्रावली के अंत में अमेरिका व रूसी सेना के जर्मनी में हाथ मिलाने की तसवीर भी अंकित है। इसके थोड़ा-सा आगे 'फ्रीडम वॉल' है जिस पर 4048 सोने के सितारे टँके हुए हैं। हर एक सितारा 100 बहादुर जवानों का प्रतिनिधित्व करता है, जिन्होंने देश के लिए जान कुर्बान की। इसके आगे एक तख्ती पर लिखा है- 'आज़ादी की कीमत'।

पोटोमेक नदी के किनारे बना हुआ **लिंकन मेमोरियल**, नेशनल मॉल के पश्चिमी सिरे पर स्थित है। इसमें बने 'कोलोराडो' संगमरमर के 36 विशाल खंभे महान राष्ट्रपति अब्राहम लिंकन की मृत्यु (वर्ष 1865) के समय के संयुक्त राष्ट्र के राज्यों की गणना पर आधारित हैं। यह पूरा स्मारक लगभग 200 फुट लम्बा, 120 फुट चौड़ा तथा 100 फुट ऊँचा है। इस स्मारक का नक्शा हेनरी बेकन ने तैयार किया था। इसकी स्थापत्य कला यूनानी मंदिरों से मेल खाती है, विशेषकर एथेंस के पार्थेनन मंदिर से। इस स्मारक की संकल्पना को मूर्त रूप में लाने, इसका निर्माण करने और आम जनता के लिए खोलने में लगभग दो दशकों का समय व्यतीत हो गया।

IN THIS TEMPLE
AS IN THE HEARTS OF THE PEOPLE
FOR WHOM HE SAVED THE UNION
THE MEMORY OF ABRAHAM LINCOLN
IS ENSHRINED FOREVER
QUIET
RESPECT
PLEASE

FOUR SCORE AND SEVEN YEARS
AGO OUR FATHERS BROUGHT FORTH
ON THIS CONTINENT A NEW NATION
CONCEIVED IN LIBERTY AND DEDICA-
TED TO THE PROPOSITION THAT ALL
MEN ARE CREATED EQUAL ·
NOW WE ARE ENGAGED IN A GREAT
CIVIL WAR TESTING WHETHER THAT
NATION OR ANY NATION SO CON-
CEIVED AND SO DEDICATED CAN LONG
ENDURE · WE ARE MET ON A GREAT
BATTLEFIELD OF THAT WAR · WE HAVE
COME TO DEDICATE A PORTION OF
THAT FIELD AS A FINAL RESTING
PLACE FOR THOSE WHO HERE GAVE
THEIR LIVES THAT THAT NATION
MIGHT LIVE · IT IS ALTOGETHER FIT-
TING AND PROPER THAT WE SHOULD
DO THIS · BUT IN A LARGER SENSE
WE CAN NOT DEDICATE – WE CAN NOT
CONSECRATE – WE CAN NOT HALLOW –
THIS GROUND · THE BRAVE MEN LIV-
ING AND DEAD WHO STRUGGLED HERE
HAVE CONSECRATED IT FAR ABOVE
OUR POOR POWER TO ADD OR DETRACT ·
THE WORLD WILL LITTLE NOTE NOR
LONG REMEMBER WHAT WE SAY HERE
BUT IT CAN NEVER FORGET WHAT THEY
DID HERE · IT IS FOR US THE LIVING
RATHER TO BE DEDICATED HERE TO
THE UNFINISHED WORK WHICH THEY
WHO FOUGHT HERE HAVE THUS FAR
SO NOBLY ADVANCED · IT IS RATHER FOR
US TO BE HERE DEDICATED TO THE
GREAT TASK REMAINING BEFORE US –
THAT FROM THESE HONORED DEAD
WE TAKE INCREASED DEVOTION TO
THAT CAUSE FOR WHICH THEY GAVE THE
LAST FULL MEASURE OF DEVOTION –
THAT WE HERE HIGHLY RESOLVE THAT
THESE DEAD SHALL NOT HAVE DIED IN
VAIN – THAT THIS NATION UNDER GOD
SHALL HAVE A NEW BIRTH OF FREEDOM –
AND THAT GOVERNMENT OF THE PEOPLE
BY THE PEOPLE FOR THE PEOPLE SHALL
NOT PERISH FROM THE EARTH ·

लगभग 20 फुट ऊँची सोलहवें राष्ट्रपति लिंकन की सिंहासनस्थ प्रतिमा तक पहुँचने के लिए बहुत-सी सीढ़ियाँ चढ़नी होती हैं। 175 टन संगमरमर पर लिंकन ऐसी मुद्रा में विराजे हैं जैसे वे अपने देश की एकता को अखण्ड बनाए रखने की विचार-भंगिमा में हों। इस प्रतिमा का आलेख (डिज़ाइन) एक फ्रांसीसी मूर्ति-आलेखकार डैनियल चेस्टर ने बनाया है।

मूर्ति के बाएँ, दीवार पर लिंकन का महान वक्तव्य खुदा हुआ है जो उन्होंने गेट्टीस्बर्ग में दिया था। यह आज भी अमेरिकावासियों को वैसे ही प्रेरणा देता है जैसी कि कभी सन् 1865 में दी थी। अन्य दीवारों पर बनी चित्रकारी उनके जीवन के आदर्शों और घटनाओं को वर्णित करती है।

अँधेरा होने से पहले ही हम एक और मनोरम स्थल **'व्हार्फ़ डिस्ट्रिक्ट'** में पहुँचे। यह पानी के किनारे एक आलीशान जगह थी। पास में बह रही 'एनाकोशिया नदी' के 'पोटोमेक नदी' में मिलने से पहले एक नहर 'वाशिंगटन चैनल' के किनारे यह मनोहारी स्थान बसाया गया है। इसे मानवनिर्मित जलसमक्ष शहर भी कहा जा सकता है। एक मील दूर तक बसा हुआ यह एक मिली-जुली प्रकृति का स्थल है, जहाँ सबके लिए स्थान है। 'व्हार्फ़' भोजनालयों, दुकानों, आवासों, होटलों तथा व्यापारिक केंद्रों से भरा-पूरा है। यहाँ से नेशनल मोनुमेंट के दर्शन भी सुलभ हो रहे थे।

सुबह से शाम तक के नज़ारे में आसमानी भिन्नता थी। गीत-संगीत के मंच, रोशनी की झिलमिलाहटें, पाँच सितारा होटल, यॉट के बंदरगाह, धुन पर थिरकने का प्रबंध, सब कुछ चित्रात्मकता से परिपूर्ण था। वृद्ध से लेकर बालक तक बहुत प्रसन्न नज़र आ रहे थे। मन बहलाने के सारे साधन यहाँ मौजूद थे।

बीच-बीच में पानी के अंदर बढ़े हुए चबूतरे बहुत सुंदर झाँकी उपस्थित कर रहे थे। संध्या समय मौसम भी खुशगवार हो गया था। वर्ष का अधिकतर समय शीत में गुज़ारने वाले यहाँ के रहवासी इस समय ऐसे ही बाहर प्रकट हो जाते हैं जैसे शीतनिद्रा से उठे हुए खगवृंद।

जलराशि में डुबकी लगाता ताँबें का लोटा और आसमान पर गेरू उड़ाता; सूर्यास्त का अप्रतिम दृश्य भी यहाँ देखने को मिला। अपने घर वापस लौटता सूरज सभी को थकान उतार अपने-अपने घर जाने का संदेश दे रहा था।

*** *** ***

अगले दिन 'यू.एस. कैपिटॉल बिल्डिंग' तथा 'लायब्रेरी ऑफ़ काँग्रेस' देखकर 'एयर एंड स्पेस म्यूज़ियम' के लिए पूर्व निर्धारित था। कार एक निश्चित पार्किंग लॉट में खड़ी कर हम सबसे पहले यू.एस. कैपिटॉल की ओर बढ़े कि रास्ते में इस लहराते डिज़ाइन वाले म्यूज़ियम ने हमें रोक लिया। यह 'अमेरिकन इंडियन म्यूज़ियम' था। इसे केवल बाहर से ही देखा गया।

लगता था कि घूम-फिरकर हम उसी इलाके में आ रहे हैं। इसी कारण यहाँ तीन दिन बहुत थे। कल जिसकी दूर से झलक देखी थी, आज पास से निहारने का अवसर था। **यू.एस. कैपिटॉल** सबसे प्रतिष्ठित भवन है। इसके लिए पहले से ही समय आरक्षित कराना होता है, जो हमने पहले ही करा रखा था। इसकी विशालता किसी भी कैमरे के लैंस में समाने से इंकार कर देती है। बहुत दूर से लेने पर ही ऐसा चित्र निकालना संभव हो सका है।

देश की प्रबंधकारिणी समिति 'सीनेट' की सभाएँ यहीं होती हैं और राष्ट्रहित के लिए नीतियाँ, विकास के लिए अधिवेशन और देश के कानून निर्माण की प्रक्रियाएँ यहीं सम्पन्न होती हैं। यह भी नेशनल मॉल का ही एक अंग है। इसे अट्ठासी फुट ऊँचे चबूतरे पर बनाया गया है, इसी कारण यह दूर तक दिखाई देती है। इसका फैलाव डेढ़ करोड़ वर्ग फुट क्षेत्र में है। इसकी विशालता का अनुमान इस बात से ही लगाया जा सकता है कि इसमें लगभग 600 कमरे और मीलों लम्बे गलियारे हैं। बीच में बना ऊपरी गुंबद महाकर्षक है। गुंबद की चोटी पर आज़ादी की मूरत 'स्टेच्यू ऑफ़ फ्रीडम' विराजी हुई है। वह अकेली ही 288 फुट लम्बी है। इसके डिज़ाइन पर राष्ट्रपति जॉर्ज वाशिंगटन ने स्वीकृति की मुहर लगाई थी। इसका स्थापत्य बहुत प्रभावित करता है और दुनियाभर के आर्किटेक्ट्स को प्रेरित करता है। दो सदियों से इसमें संसद की बैठकें होती आ रही हैं।

इसमें काँग्रेस के मुख्य कार्यालय के अतिरिक्त, विधान भवन, पुस्तकालय-वाचनालय आदि भी हैं। इसमें अमेरिकी कला और इतिहास का संग्रहालय भी है। गणतंत्र के इस प्रतीक को देखने प्रतिवर्ष करोड़ों सैलानी वाशिंगटन डी.सी. आते हैं। नवशास्त्रीय स्थापत्य का बेहतरीन नमूना होने के साथ-साथ यह सौंदर्य को क्रियाशीलता से जोड़ता है।

इसकी समूची इमारत में पाँच स्तर हैं। पहले तल पर कमेटी के कक्ष और काँग्रेस के दफ़्तर हैं। इस तल पर 'हॉल ऑफ़ कॉलम', 'ब्रुमिडि कॉरीडोर', 'ओल्ड सुप्रीम कोर्ट चैम्बर' तथा रोटुंडा के नीचे बना, बड़े से झाड़फानूस से सुसज्जित 'क्रिप्ट' में आम जनता जा सकती है। एक-एक जगह भव्यता को लिए हुए है। इसकी विराट बनावट व सज्जा से कौन अनुमान लगा सकता है कि यह इमारत क्रांतिकारियों द्वारा कई बार आगजनी का शिकार हुई है।

दूसरे तल पर प्रतिनिधि भवन, संसद भवन आदि हैं पर यहाँ भी जनता के लिए 'रोटुंडा' अर्धचंद्राकार पूर्व संसद भवन तथा 'नेशनल स्टेच्युरी हॉल' है। इन जगहों पर ले जाने के लिए एक ऑडियो गाइड दिया जाता है और छोटे-छोटे समूहों में ही अंदर जाने दिया जाता है। सबसे पहले एक थियेटर में कैपिटॉल का इतिहास व निर्माण प्रक्रिया पर चलचित्र भी दिखाया जाता है। आपके साथ चल रहा गाइड मूर्तियों वाले गोल कमरे यानि 'स्टेच्युरी हॉल' में प्रत्येक मूर्ति के बारे में विस्तृत जानकारी देता है। ये मूर्तियाँ अमेरिका के कभी न भुलाने वाले महान नागरिकों अथवा प्रशासकों की हैं।

तीसरे तल पर गलियारों में प्रवेश दिया जाता है जहाँ की काँच की खिड़कियों से सीनेट को कार्य करते हुए देखा जा सकता है।

अन्य अनेक भवनों की कारीगरी छत-दीवारें सब देखते ही बनता है। अन्य दो तल दफ़्तर, मशीनें तथा अन्य सहायक सामग्री के लिए प्रयोग में लाए जाते हैं। इस अनोखी इमारत में अनेक कैफ़ेटेरिया व रेस्टोरेंट हैं। इनमें से एक की शरण में हमने भी भूख-प्यास मिटाई। यहाँ एक बात यह देखी कि आपको केवल कप हासिल करने के पैसे देने होते हैं फिर उसी कप में आप वहीं बैठे हुए चाहे 4 बार कॉफ़ी पी लो। ऐसी उदारता विरला ही देखने को मिलती है।

इस स्थान से **'लायब्रेरी ऑफ़ काँग्रेस'** जाने के लिए सड़क मार्ग तथा अंदर ही अंदर भूमिगत पथ दोनों ही बने हुए हैं। हमने भूमिगत गलियारे को चुना क्योंकि इससे हम धूप से बचकर सीधा वहाँ पहुँच सकते हैं। इसका केवल एक ही नुकसान होता है कि बाहर से इमारत का चित्र नहीं मिलता है। पुस्तकालय का यह चित्र बाहर निकलने के बाद लिया गया।

पुस्तकों के अलावा दृश्य-श्रव्य माध्यम से भी बहुत-सी जानकारियाँ दी गई थीं। यह विकलांगों, दिव्यांगों तथा दृष्टिहीन पाठकों के लिए भी उतनी ही वरीयता से सेवाएँ देता है जितनी कि एक आम नागरिक के लिए।

पूर्व-राष्ट्रपति थॉमस जेफरसन की निजी लाइब्रेरी की साढ़े छः हज़ार पुस्तकों को दुनिया की सबसे बड़ी लायब्रेरी, काँग्रेस ने उस समय क्रय किया जब कैपिटॉल की आगजनी में उनकी अपनी लायब्रेरी तबाह हो गई थी। इसमें रखी 17 करोड़ पुस्तकों को अलग-अलग रिबन से चिह्नित किया गया था। जेफरसन की अपनी निजी पुस्तकों के रिबन हरे रंग के थे। नई खरीदकर इसकी शोभा बढ़ाने वाली पुस्तकों के सुनहरे रंग के रिबन लगे थे। जेफरसन की अपनी पुस्तकें जो काँग्रेस लायब्रेरी का हिस्सा थीं, उनमें कोई रिबन नहीं लगाया गया था। उनकी अपनी किताबें जो गुम हो गई थीं, उनके लिए पुस्तकाकार खाली डिब्बे लगाकर स्थान सुरक्षित किया गया है और उनको तलाशने के प्रयास किए जा रहे हैं। इस पुस्तकालय में मात्र पुस्तकें ही नहीं, दुनिया भर की अमूल्य निधि है। इसमें तरह-तरह के नक्शे, कलात्मक कार्य और अन्य अनेक सामग्री उपलब्ध है।

अब वह समय आ गया था जिसका हमें बेसब्री से इंतज़ार था। चार बजे से कुछ पहले ही हम **'एयर एंड स्पेस म्यूज़ियम'** पहुँच गए। अधिकतर स्थानों पर हमें बैग स्कैन करवाना होता ही था, सो यहाँ भी हुआ। परंतु सब मंज़ूर था मानवीय उड़ानों और अंतरिक्ष की उड़ान की उपादेय जानकारी हासिल करने के लिए। इसमें हमें तरह-तरह के विमान, अंतरिक्षयान, मिसाइल, रॉकेट और उड़ान संबंधी अनेक अन्य अनुपलब्ध सामग्री देखने को मिली। बहुत वास्तविक व जीवंत वातावरण में

सभी वस्तुओं को जमाया व टिकाया गया था। लगता था कि हम अंतरिक्ष में या किसी उड़ान में ही हैं। विमान के अन्वेषक राइट भाइयों की सजीवसम मूर्तियाँ, उनके द्वारा अन्वेषित सिलसिलेवार सभी यान हमें उसी युग में पहुँचा रहे थे।

गगन उड़ान और अंतरिक्ष यान के अनुसंधान का यह महत्त्वपूर्ण केंद्र है जिसे अमेरिका में अन्य संग्रहालयों की तुलना में सबसे अधिक पर्यटकों द्वारा देखा जाता है। चाँद और मंगल ग्रह पर भेजे गए रोवर आदि देखकर बहुत रोमांच हुआ। पूरे सौरमंडल के सभी ग्रह और उपग्रह उसी अनुपात में आँखों के सामने घूमते मिले। एक वायुयान के कॉकपिट में जाने का मौका भी मिला।

यहाँ इतना कुछ जानने को है कि मस्तिष्क के गोदाम में 1 टैराबाइट का डेटा भर जाए और फिर भी कसर बाकी रह जाए। यह संग्रहालय इतना कुछ बताता है कि सुनने-समझने के लिए यहीं बस जाना होगा।

उड़ानों के इतिहास के साथ ही उनके भूगोल की भी त्रिआयामी जानकारी थी। बीच में एक बड़ा सा हॉल और पहले व दूसरे तल पर उसके चारों ओर कई कक्ष रोमांचकारी ज्ञान उँडेल रहे थे। यह एक ऐसा स्थान है कि जिसे विज्ञान विषय से डर लगता हो तो उसे वही प्रिय विषय लगने लगेगा।

Lorengau, Papua

मानसिक थकावट शारीरिक ऊर्जा का भी क्षय करती है। वनस्पति उद्यान को भी देखनी की इच्छा थी किंतु हिम्मत ने जवाब दे दिया। अपनी रिहायश पर जाकर कुछ देर विश्राम किया। शाम के समय के लिए टाइडल बेसिन तथा **मेरीलैंड यूनिवर्सिटी** में से एक को चुनना था। बेटी की मित्र का निवास 'कॉलेज पार्क' मेरी लैंड में होने के कारण मेरीलैंड ने विजय पाई।

यहाँ सुपुत्री ने पढ़ाई की थी, इसलिए भी इसका देखना तो बनता ही था। फिर टाइडल बेसिन के लिए उसी क्षेत्र में जाना पड़ता जहाँ हम दो दिन से चक्कर काट ही

रहे थे। साथ ही यह भी जाना कि उसे देखने का सर्वश्रेष्ठ समय होता है जब चैरी ब्लॉसम के फूलों से पेड़ भर जाते हैं।

ऐसे कई स्थान हमसे छूट गए जो हम देखना चाहते थे मगर नहीं देख पाए। वाशिंगटन डी.सी. का 'जॉर्जटाऊन' भी इच्छा सूची में था किंतु समय न मिल पाया। इसकी ऐतिहासिक गलियों व बाज़ारों ने हमें कभी पुकारा तो पुन: वाशिंगटन जाना हो शायद।

शौर्य और साहसिक विविधताओं का अनूठा मंथनपात्र : न्यू यॉर्क

वाशिंगटन देखकर हम तीसरे दिन न्यू यॉर्क के लिए निकले। यह 238 मील और साढ़े चार घंटों में बिना रुके तय किया जा सकता था। जब परिवार साथ हो तो रुक-रुककर ही घूमने में आनंद आता है। हमने न्यू जर्सी घूमते हुए जाने का विचार किया। इसकी एक बड़ी वजह तो 'हिंदी से प्यार है' के संस्थापक और 'अनन्य' पत्रिका के प्रधान संपादक श्री अनूप भार्गव जी से मिलने की रही। उनके आग्रह को टालना असंभव था। उन्हीं से हमें यह मार्गदर्शन मिला कि हम रास्ते में एक छोटा-सा रास्ता काटकर **बाल्टिमोर बंदरगाह** देखकर आ सकते हैं। तो यही निश्चय किया गया और हमने बाल्टिमोर का रास्ता लगा दिया। लगभग सवा घंटे की कार-सवारी के बाद आंतरिक बंदरगाह के ठीक सामने एक शॉपिंग सेंटर की पार्किंग में कार को रोका और पानी की दिशा में चले। चारों तरफ़ होटल ही होटल थे जिससे पता चलता था कि यहाँ काफ़ी टूरिस्ट आते होंगे। फिलहाल यहाँ अधिक चहल-पहल नहीं थी। कारण कुछ तो गर्मी का मौसम, दोपहर का समय, कामकाज वाला दिन रहा होगा।

सबसे पहले तो यहाँ की ये बतखनुमा नावों ने आकर्षित किया। अगर पर्याप्त समय रहता और मौसम सुहावना होता, या कि हम तपती दोपहरी की बजाय शाम को आए होते तो इनकी सैर का मज़ा ज़रूर लूटते। ये बहुत छोटी नौका जैसी ही थीं जिनमें चार सवारी और मल्लाह के बैठने की जगह होगी। ये नवविवाहित जोड़ों के लिए बहुत रोमांटिक स्थान प्रतीत हो रहा था। ऐसी ही नावें हमने नैनीताल की नैनी झील में देखी थीं। अभी तो हमें भी तसवीर से ही काम चलाना पड़ा। वैसे कोई नाविक भी न दिख रहा था। ऐसे गर्म थपेड़ों में उन्हें भी किसी सवारी की उम्मीद शायद ही रही हो।

बाल्टिमोर बंदरगाह पहले नौका निर्माण और स्टील के कारखानों के लिए जाना जाता था, अब यह मनोरंजन का लोकप्रिय स्थान बन चुका है। इसके आंतरिक घाटों पर सब कुछ मौजूद है- खूबसूरत तटीय नगर, समुद्री खाद्य के भोजनालय, शानदार संग्रहालय, विशाल मछलीघर, खरीदारी के केंद्र आदि। सब कुछ बहुत साफ़-स्वच्छ, पारदर्शी सिंधु के जैसी ही निर्मल झाँकी थी।

छोटे-छोटे खाँचों में बने बंदरगाह के एक कोने पर बड़ी इमारत थी और उसके ऊपर ही 'ओब्ज़र्वेशन डैक' बनी थी। उस पार जो द्वीप दिखाई देता था, वहाँ तक के सफ़र के लिए वाटर-टैक्सी भी चलती थीं।

सबसे आकर्षक हमें यहाँ ऐतिहासिक युद्धपोत लगा जिसे कि अब तैरते म्यूज़ियम में बदल दिया गया है। यह वहाँ यू.एस.एस. कॉन्स्टेलेशन सेंटर का हिस्सा है। अमेरिकी जलसेना ने इसे 1854 में बनाया था और इतने पुराने समय का यह अकेला ही जहाज़ बचा हुआ है। इसके पास ही अन्य कुछ जहाज़ और एक प्रकाशघर इसका साथ निभाते दिखाई देते हैं।

बाल्टिमोर को इस ऐतिहासिक जहाज़ अंदर से भी देखा। ठीक याद नहीं कि उसे देखने की कोई टिकट भी थी। जलसेना के सबसे महत्त्वपूर्ण उपकरण इसमें देखने को मिले। जल-सैनिकों के जीवन की एक बानगी भी वहाँ मिली। बंदूकों वाली छत और जहाज़ के कप्तान के केबिन को भी देखा जा सकता था। पनडुब्बी में रहते सैनिकों के तंग क्वार्टर भी देख पाए। लगभग एक घंटा इसे देखने-समझने में लगा। पास ही देखने के लिए 'मैरीलैंड साइंस सेंटर' तथा 'पोर्ट डिसकवरी चिल्ड्रंस म्यूज़ियम' भी हैं।

अब यहाँ से ढाई घंटे की रेस लगानी थी अनूप दादा के घर पहुँचने के लिए। उनका घर डिकेंसन कोर्ट, प्लेंस्बोरो, न्यू जर्सी में था जो कि एक प्रकार से रास्ते में ही था। उनके घर के बैकयार्ड में अपनी पुस्तक का विमोचन हुआ। साहित्यिक चर्चाएँ हुईं।

रजनी भाभी से मिलना हुआ और यह विश्वास पुख्ता हुआ कि साहित्य को समर्पित होने वालों के जीवनसाथी जब उनकी अन्य चिंताओं को ओट लेते हैं तभी कोई व्यक्ति अपने लक्ष्य की यात्रा के सुखद स्वप्न को खुली आँखों से देख सकता है। बहुत दिनों बाद घर का बना दोपहर भोज मिला। पंजाबी खाना छोले-भटूरे अमेरिका की ज़मीं पर भोग करना दोहरी खुशी व संतुष्टि का विषय बना।

आतिथ्य का भरपूर लाभ उठाकर अनूप जी के सान्निध्य में ही आगे 'मिलस्टोन नदी' तथा विश्वप्रसिद्ध 'प्रिंस्टन यूनिवर्सिटी' देखने का विचार बना। यहाँ हमें ड्राइव करने का सिरदर्द न लेना पड़ा। दादा ने अपनी कार में हमें न्यू जर्सी घुमाया और ऐसे स्थल दिखाए जो हम स्वयं न देख पाते।

मिलस्टोन नदी एक लम्बी यात्रा कर अंत में रारिटन नदी में मिल जाती है। न्यू जर्सी में मानवनिर्मित 'डेलावेयर एवं रारिटन नहर' के समानांतर बहती रहने वाली मिलस्टोन नदी शांत, सौम्य व अनछुए सौंदर्य के गीत गाती है और अपने प्रदेश के लोगों को पीने के पानी की आपूर्ति भी करती है। यह कई प्रदेशों की विभाजक रेखा के रूप में भी काम करती है।

इस नदी पर कई ऐसे पुरातन रूप वाले पुल बने हुए थे। जाते हुए कोई पुल रास्ते में पड़ा तो आते हुए कोई और। परंतु हर पुल से नदी उतनी ही मधुरता से हाथ मिलाती बहती मिली। कई अन्य पुल समान दूरी पर बने दिखाई दे रहे थे। हमने कई जगह रुक-रुककर इसकी सौम्यता का स्वाद लिया।

थोड़ा-सा रास्ता भटककर ही सही हम इस महाप्रतिष्ठित यूनिवर्सिटी तक पहुँच ही गए। **प्रिंस्टन यूनिवर्सिटी** का कैम्पस बहुत-ही आह्लादकारी था। किसी फ़िल्म के सेट से भी अधिक खूबसूरत। प्रकृति के आँगन में रमा हुआ कोई साधु हो जैसे।

इस विश्वविद्यालय के कैंपस में अपने पूर्व छात्रों द्वारा लगाई गई आईवी बेल दूर से ही पहचान कराती है कि यह आईवी लीग के आठ शिक्षणालयों में से एक है। न केवल एक है, बल्कि इसका मुख्यालय भी यहीं इसी परिसर में है। आईवी लीग के अंदर उत्तरी-पूर्व अमेरिका के 8 शोध प्रमुख विश्वविद्यालय हैं। ये सभी अपने अभिजात्य के लिए जाने जाते हैं। इनकी शैक्षणिक श्रेष्ठता के कारण यहाँ दाखिला आसानी से नहीं मिलता है। हम पहले ही इसके एक अन्य सदस्य कॉर्नेल यूनिवर्सिटी को देखकर आ रहे थे तो इसकी उच्च श्रेणी का अनुमान हमें था ही।

न्यू जर्सी में प्रिंस्टन यूनिवर्सिटी का परिसर इतना बड़ा है कि एक दिन लगाना चाहिए उसे ठीक से जानने-पहचानने के लिए। हम बस आईवी बेल के खिंचाव में भटकते-भटकते कई खंडों को देख आए। कुछ तो बहुत पुरातन या किलेनुमा आकृति वाले भी बने हैं।

प्रांगण इतना विशाल है कि कई दरवाज़े आने-जाने के लिए हैं। प्रवेश किसी और दरवाज़े से किया तो निकास किसी और से।

उस समय छात्रों की गर्मियों की छुट्टियाँ चल रही थीं तो अधिक छात्र वहाँ घूमते नहीं दिखे। कुछेक तो फिर भी परिसर से आते-जाते मिले जो शायद शोध के छात्र रहे होंगे जिन्हें अमूमन छुट्टी बमुश्किल ही मिला करती है।

यूनिवर्सिटी स्वयं में किसी पर्यटन स्थाल से कम न थी, कुछ अधिक ही थी। जितना व्यय इसके एक-एक हॉल को निर्मित करने में किया गया था, उतने में कोई

राजमहल या किले का निर्माण हो जाता। हर एक हॉल अपनी स्थापत्य कला का नया प्रारूप प्रस्तुत करता था।

पुस्तकालय के सामने ही 'विदरस्पून' सड़क पर दोनों ओर ब्रांडेड घड़ियों, बैग व इत्र की दुकानें थी। इसी से पता चलता है कि यहाँ अमीर घरों के विद्यार्थी ही प्रवेश पा पाते होंगे। कोई मध्यम वर्गीय अगर अपनी क्षमता के बल पर प्रवेश पा भी जाए तो यहाँ के वातावरण में उसके टिक पाना आसान न होगा। आइसक्रीम, कॉफ़ी और अन्य खान-पान की भी दुकानें थीं। दुकानें तो धूम्रपान और मदिरापान के लिए भी थीं और वहाँ युवक-युवतियाँ उपस्थित भी थे।

परिचितों का साथ कुछ घंटों का ही था। शाम की चाय पीकर, आतिथ्य सत्कार से आह्लादित हृदय उनसे विदा ली और न्यू यॉर्क का रास्ता लगाया। यह भी पौने दो घंटे का था। सीधा पहले से बुक कराए हुए निवास पर कार लगाई। तरह-तरह की युक्ति मकान मालिक के द्वारा बताए गए तरीके से आजमाकर कार खड़ी करने के लिए गैराज का दरवाज़ा खुला। वहीं से ही दो कमरे व हॉल वाले इस आवास का रास्ता था।

*** *** ***

अगले दिन न्यू यॉर्क घूमने की शुरुआत हमने **टाइम्स स्क्वैयर** से की। यह यहाँ की सबसे अधिक चर्चित व जीवंत जगह मानी जाती है। गीत-संगीत की तैयारियाँ ज़ोरों पर थीं। सैलानियों का ताँता लगा हुआ था। चारों तरफ़ की खचाखच भीड़ से हमें उत्तेजना के स्थान पर डर अधिक लगा। सुना भी था कि यहाँ पर्समार भी बहुत घूमते हैं जो भीड़ का फायदा उठाकर बटुआ मार ले जाते हैं। हम अपने-अपने पर्सों व मोबाइलों को जत्न से सँभाले जल्दी ही वहाँ से कट लिए और 'रॉकेफ़ेलर सेंटर' की तरफ जल्दी-जल्दी कदम बढ़ाने लगे। इसकी चार टिकटें हमने पहले से ही आरक्षित करा रखी थीं। इसके सामने की ओर से तसवीर लेने का मौका न मिला तो पीछे की ओर से लीं और कुदरत के नियम को याद किया कि जो होता है अच्छे के लिए ही होता है।

'रॉकेफ़ेलर सेंटर' प्रतिदिन सुबह नौ बजे से रात बारह बजे तक खुला रहता है। क्रिसमस के अतिरिक्त लगभग हर दिन यह घूमने के लिए पर्यटकों को आमंत्रित करता है। 'रॉकेफ़ेलर सेंटर' में टिकटें दिखाकर ही प्रवेश मिला। सबसे पहले ऊपर जाकर न्यू यॉर्क दर्शन की तमन्ना थी। ग्रांड एट्रियम लॉबी में लटकते इस क्रिस्टल के झूमर को एक फ्रेम में बिठाना इतना कठिन हुआ कि लगभग हर सीढ़ी से इसकी तसवीर ली गई तब जाकर यह पाँच मंज़िल तक लटकता झूमर कैद हो पाया।

इसकी भी अपनी एक कथा है। इसका डिज़ाइन माइकल हैमर्स ने तैयार किया है। पानी के झरने जैसा दिखने वाले इस झूमर पर सूरज की रोशनी पड़ने पर इसका हर स्वरोव्स्की क्रिस्टल इंद्रधनुष का निर्माण करता है। इसे क्रिस्टल वाटरफ़ॉल कहते हैं।

'रॉकेफ़ेलर सेंटर' की ओब्ज़र्वेशन डैक के इतने किस्से सुने हैं कि इसे देखे बिना न्यू यॉर्क अधूरा ही रहता। शहर का पूरा नक्शा जैसे इसकी डैक पर ही गढ़ा गया हो। यहाँ से शहर की भूरेखा, जलरेखा, नभरेखा सब स्पष्ट दिखती हैं।

70 माले की बिल्डिंग के सबसे ऊपरी तीन मालों पर बना यह डैक, न्यू यॉर्क का 360° वाला अबाधित नज़ारा देता है। चालीस डॉलर प्रति व्यक्ति के अनुसार हमने अपनी टिकटें पहले ही ऑनलाइन पोर्टल से ले रखी थीं। इसकी काँच की हर खिड़की से बाहर का अपूर्व कल्पनात्मक नज़ारा देखने को मिलता था। लगता था कि कोई कार्टून मूवी देख रहे हैं या किसी सुपरहीरो की। सामने ही सबसे ऊँची दिख रही 'एंपायर स्टेट बिल्डिंग' से अभी कोई एक तार पर झूलता हुआ आएगा और पल के दसवें हिस्से में हमारे सामने वाली खिड़की पर घुटने मोड़कर बैठ जाएगा। सारा शहर जैसे आँखों के सामने था। दूरियों और ऊँचाइयों का मोल समझ आया कि कहाँ तो छोटी-सी चीज़ भी फ्रेम में नहीं आती और कहाँ यह पूरा शहर फ्रेम से छोटा हो गया है।

इसके तीन तल पर से शहर को हर दिशा से देखा जा सकता है, तो सब तरह से देखा। तेज़ गर्मी थोड़ी देर में ही पैर उखाड़ने लगती थी और अंदर के काँच वाला बंद हिस्सा हमें ठंडी हवाओं की हथकड़ियों में बाँध अंदर खींच ले जाता था। खुले स्थान पर रहो तो छाया वाले स्पॉट पर शरण लेनी होती थी। हम दुबई निवासियों को यहाँ भी गर्मी लग रही थी, हम स्वयं हैरान थे कि हम 50° सेल्सियस में जुलाई बिताने वाले, अभी 30° के वातावरण में भी चैन न पा रहे थे। यह मानव शरीर भी कितना सुविधाओं का गुलाम है न! झट से विलासी हो जाता है।

यहाँ पर कई प्रकार के फ़ोटो खिंचवाने के किओस्क थे। एक बैंच पर बैठाकर ऐसे तसवीर उतारना जैसे कि आप नीचे ऊँचाई से नीचे गिर रहे हों, बच्चों की ज़िद के कारण ये सारे नाटक हमने किए। सबसे ऊपर वाले तल पर फ़िल्मी स्टाइल में आपको एक घूमते चक्र पर खड़ा कर दिया जाता है, और बारी-बारी आपके चेहरे के आगे चक्कर लगाता कैमरा पीछे सारे शहर को आपके थोबड़े के साथ कैद करता होता है। यह भी कर ही लिया। सब मिलाकर दो घंटे का समय रॉकेफ़ेलर बिल्डिंग के हवाले हुआ।

'रॉकेफ़ेलर सेंटर' कुल 19 इमारतों का एक बड़ा कॉम्प्लेक्स है जो 22 एकड़ के क्षेत्र में मैनहट्टन में बना हुआ है। इस विशेष इमारत का निर्माण 1933 में पूरा हुआ और

तब से यह शहर का पहचान-चिह्न यानि लैंडमार्क बनी हुई है। इस पूरे कॉम्प्लेक्स में हर प्रकार के बाज़ार व मनोरंजन के साधन हैं।

बिल्डिंग से बाहर पीछे की ओर निकले तो देखा कि वहाँ तो अलग ही रौनक-मेला लगा हुआ है। मुख्य द्वार के ठीक सामने यह मूर्ति 'एटलस' कहलाती है। यह दो कलाकारों, ली लॉरी व रेने चैम्बेलन की कला का संगम है। यह मूर्ति ग्रीक पुराणों में वर्णित एटलस को दर्शाती है जिसने ओलम्पिक के देवताओं से युद्ध किया परंतु उसकी हार हुई। दंड के तौर पर उसे दुनिया को अपने कंधों पर लेकर घूमना पड़ा। यह मूर्ति रॉकेफ़ेलर सेंटर की जानी-मानी स्थली है। इस आकृति की डाक टिकटें भी हैं।

यहाँ अनेक कैफ़ेटेरिया थे। यह स्थान 'अपर प्लाज़ा' कहलाता है। और आगे चलकर 'लोअर प्लाज़ा' आता है। वहाँ के फव्वारे की ठंडक में मानवों का हुजूम उमड़ा पड़ता था।

रॉकेफ़ेलर सेंटर की पूरी तसवीर, जो सामने से न ली थी, यहाँ से सुविधा से तो नहीं, थोड़ी मशक्कत व दिमाग के घोड़े दौड़ाने के बाद ली जा सकी। यहीं पर इस इमारत के नामकरण का कारण भी समझने का प्रयास किया। 'चट्टान जैसे आ गिरने' को

रॉकेफ़ेलर कहते होंगे, तभी तो यहाँ बनी यह मूर्ति एक गिरते हुए आदमी को दिखा रही है। मगर नहीं, यह भ्रम साबित हुआ। इस इमारत के मालिक का नाम ही जॉन डी. रॉकेफ़ेलर है, जो रईस व्यवसायी होने के साथ ही परम लोकोपकारक भी थे। उन्होंने कोलम्बिया यूनिवर्सिटी से भूमि लेकर 19 इमारतों के इस समूह के लिए धन व्यय किया।

मूर्ति में गिरते हुए व्यक्ति का भी पता किया। यह काँसे की मूर्ति प्रोमेथियस की है जो यूनानी मान्यता के अनुसार आग का देवता भी है और अपनी चालाकियों व चालबाज़ियों के लिए जाना जाता है। यह मूर्ति साढ़े पाँच मीटर ऊँची है और इसका वज़न 8 टन है।

यहाँ से आगे बढ़ते हुए रास्ते में ही 'हार्शी चोकोलेट वर्ड', 'एम. एंड एम. वर्ड', 'डिज़नी स्टोर' पड़े। हालाँकि यह सब बच्चों की रुचि का था परंतु वे हमारे पास समय की कमी से परिचित थे, अंत: सब बाहर से ही देखा। 'लेगो स्टोर' के साथ फ़ोटो ली और चलते गए।

चलते-चलते 'सेंट पैट्रिक कैथेड्रल' के आगे से निकले। इसकी कलात्मकता ने जर्मनी का कोलोन कैथेड्रल याद दिला दिया। हालाँकि यह उसकी विशालता का कुछ प्रतिशत ही रहा होगा, किंतु आकार-प्रकार कुछ-कुछ मिलता जुलता हुआ लगा। कोलोन कैथेड्रल काला रंग लिए हुए है, यह सफेद रंग का था। गिरजाघर यहाँ पर चप्पे-चप्पे पर हैं तो जो भी सुंदर-सा लगता, झट फ़ोटो

खींच लेते। रास्ते में 'टेसला' का शोरूम भी पड़ा।

यहाँ आए और 'मैग्नोलिया' का केक न खाया तो सैर अधूरी ही कहलाएगी। इस यात्रा को पूरा भी तो करना था। दो-तीन तरह के कपकेक खाए। अब **'ब्रायंट पार्क'** में जाना था।

पार्क में धरती पर उगे पौधे और बड़े पेड़ों की झूलती लटकती शाखें मिलकर एक खिड़की का निर्माण करती थीं, जिसमें से बाहर की इमारतों का जंड्ढा सिर जोड़े मिलता था। यह पार्क अपनी जगह इन कंकरीट के जंगल के बीच में कैसे बनाए हुए है और अपने अस्तित्व को सँभाले है, आश्चर्य की बात है। सच है कि प्रकृति से

पाषाण फोड़कर भी हरियाली फूट पड़ती है, कुछ ऐसे ही भाव मन में उपज रहे थे। इसमें कई प्रकार के कैफ़े थे। लोग प्रकृति की बजाय कॉफ़ी का आनंद अधिक ले रहे थे।

ब्रायंट पार्क 9 एकड़ के स्थान में फैला है। यह पार्क केवल बगीचा न होकर पूरा रिक्रियेशन का अड्डा है। इसमें भूमिगत बनी हुई न्यू यॉर्क पब्लिक लाइब्रेरी भी है। सर्दियों में यहाँ नाना प्रकार की गतिविधियों का आयोजन होता है।

यह 1847 में बना था और इसका पुराना नाम रिज़र्वोएर स्कवैयर था। एक बार जल जाने और एक बार ढहा दिए जाने के बाद इसे तीसरी बार 1934 में पुन: बनाया

गया और फिर एक बार इसे 1992 में बनाया गया तब इसमें लाइब्रेरी को भी स्थान मिला।

यद्यपि पार्क का मालिकाना अधिकार 'पार्क व रिक्रियेशन विभाग' के पास है फिर भी निजी लाभरहित संस्था 'ब्रायंट पार्क कॉर्पोरेशन' द्वारा इसका प्रबंधन किया जाता है। यह सरकारी व निजी भागीदारी का बेजोड़ उदाहरण प्रस्तुत करता है।

पार्क के एक ओर विलियम कुलन ब्रायंट की मूर्ति लगी हुई है। दो अन्य मूर्तियाँ भी इस पार्क में हैं- जोस बोनिफेसिओ डी एंड्रडा और विलियम अर्ल डॉज की।

अमेरिका में लोग ठंड के इतने आदी हो जाते हैं कि हल्की धूप भी बर्दाश्त के बाहर हो जाती है। दो इमारतों के बीच में बने ऐसे स्ट्रक्चर बहुत भले लगे। इनके नीचे बैठ सुस्ताने की भी सुविधा थी। इनमें से गुज़रकर हम गलियों-गलियों **'चेलसी मार्केट'** पहुँचे। इसका रंग-रूप निराला था। बहुत-से पाइपों, तारों, सरियों, जाल, साँचों आदि को खुला छोड़ा हुआ था जिससे उसकी बनावट के मूल रूप को देखा जा सके। इस बनावटी-सजावटी दुनिया में यह भी एक अनोखा ही प्रयोग था।

खान-पान के लाजवाब गंतव्य के रूप में मशहूर चेलसी मार्केट अब अपने आप में एक अंतरराष्ट्रीय ख्याति-प्राप्त ब्रांड बन चुकी है। यह दुनिया की सबसे बड़ी खाद्य की थोक और खुदरा व्यापार की मंडी कहलाती है। यह एक आम खाद्य बाज़ार से इसलिए भिन्न है कि इसमें विशिष्ट और विभिन्न प्रकार के सौदागर खाद्य का आयात-निर्यात करते हैं। यहाँ अलग-अलग देशों से मँगाई गई खाद्य-सामग्री भी बिकती है। महँगे-से महँगा पदार्थ वहाँ उपलब्ध था।

इसमें हमने अधिक समय न लगाया। खरीदना मकसद नहीं था, देखना था। पीने के पानी का प्रबंध किया, थोड़ी देर पैरों को आराम दिया। इसमें से निकलते हुए ही इसे देखना हुआ। अब बारी **ग्रांड सैंट्रल टर्मिनल** देखने की थी।

ग्रांड सैंट्रल ट्रमिनल को उसके नाम से अधिक ग्रांड पाया। यह किसी आधुनिक मॉल जैसा था। बस, सब-वे मैट्रो, नोर्थ रेलरोड, लॉन्ग आइलैंड रेलरोड, सब यहाँ से निकलती व गुज़रती थीं। कितनी ही ट्रेनों व मैट्रो का यह ट्रांज़िट स्टेशन या क्रॉस जंक्शन था। 'फ़ार्म टू टेबल' फ्रेश फूड बाज़ार व भोजनालय तो थे ही, कपड़ों की खरीदारी से लेकर, चश्मे, उपहार, 'एप्पल' के स्टोर, बैंक आदि सब कुछ तो था

एक छत के नीचे। इसका बीच का गुम्बद बहुत विशाल और तीन तल से भी ऊपर बना हुआ था।

जैसे-जैसे न्यू यॉर्क देश का व्यावसायिक और सांस्कृतिक केंद्र बन रहा था, यातायात के लिए भी एक आलीशान भव्य भूचिह्न की माँग कर रहा था। सजे-धजे रुचिराकर्षक शहर की पहल में बीसवीं शताब्दी के आरंभ में ही उत्कृष्ट स्थापत्य के प्रारूप के स्वरूप 'मैनहट्टन' शहर के बीच 'ग्रांड सैंट्रल' का उदय हुआ जिसने स्थानीय यातायात की परिभाषा बदल दी और शहर को उस प्रसिद्धि तक पहुँचाया जिसका यह आकांक्षी और प्रयासरत था।

ट्रेन से काम पर जाओ, आइलैंड की सैर पर जाओ, आकर आराम से चाय पीओ, घर के लिए ताज़ी सब्ज़ियाँ व फल खरीदो और अपनी भाग-दौड़ को एक ही स्थान पर निबटा लो, है न आश्चर्य का कारोबार!

हम इतना घूम चुके थे कि दिशा ज्ञान शून्य को छू चुका था। अगला पड़ाव था हडसन नदी के 'लिटिल आइलैंड' यानि छोटे द्वीप पर बना 'फ्लोटिंग पार्क'। वास्तव में यह चेलसी मार्केट से अधिक पास था किंतु इतनी बारीक योजना बना नहीं पाए कि रूट क्या होना चाहिए इस दिन की सारी जगहें देखने के लिए।

इसे **'हडसन रिवर पार्क'** भी कहते हैं। हल्की बूँदा-बाँदी हो रही थी जो एक प्रकार से गर्मी में राहत का काम कर रही थी। पार्क के अधिकारियों को यह खराब मौसम जैसा लगा, जिसके कारण पार्क में प्रवेश बंद कर दिया गया था। इसको फ़्लोटिंग कहे जाने का रहस्य भी दिख गया। ऐसे ही हम दुबई के एक पुल को

फ़्लोटिंग कहते हैं। यह भी उतनी ही मजबूती से धरती को थामे था। कंक्रीट के जंगल में हरियाली फैलाते पार्क का होना भी नितांत आवश्यक है।

यह सुबह 6 बजे से शाम नौ बजे तक खुलता है और इसमें प्रवेश निशुल्क दिया जाता है। इस द्वीप पर ट्यूलिप के आकार के कई विशाल खम्बों पर हरीतिमा को जमाया गया है। आँखों को लुभाने वाले इस तैरते पार्क पर पहुँचने के लिए इसे मुख्य भूमि से दो पुलों द्वारा जोड़ा गया है। यहाँ रहने वाले लगभग प्रतिदिन इस पार्क में प्रात:कालीन भ्रमण के लिए जाया करते हैं।

हाईलाइन, क्या किसी रेलवे लाइन पर पार्क भी बन सकता है? उत्तर है हाँ! अगर आप न्यू यॉर्क के मैनहट्टन में हो तो यह निराला कार्य यहाँ हुआ है। रेल की पटरियों के इर्द-गिर्द बना हुआ यह एक लम्बे गलियारेनुमा सार्वजनिक पार्क है। यह 2.35 किलोमीटर लम्बा है। यह रोज़ाना सुबह 7 बजे से शाम के 10 बजे तक निशुल्क देखा जा सकता है। सर्दियों में इसे आठ बजे शाम बंद कर दिया जाता है।

यह ज़मीन से ऊँची उठी हुई रेल की पटरियों का पुल जैसा है, जिसे ऊँचाई के कारण ही हाईलाइन कहते हैं। पूरी हाईलाइन पर 4 जगह लिफ़्ट लगी हैं, तीन जगह वाटर क्लोज़ेट बने हुए हैं और इससे नीचे उतरने के लिए दस स्थान पर सीढ़ियाँ बनी हैं। व्हील्चेयर प्रयोग में लाने वाले विकलांग यात्रियों के आने-जाने का भी पूरा प्रबंध इस लाइन पर है।

डेढ़ मील लम्बी हाईलाइन का जगह-जगह अलग-अलग कम्पनियों द्वारा प्रबंधन किया गया है।

रेल प्रबंधन द्वारा परित्यक्त यह रेलवे लाइन कई गलियों, सड़कों, क्षेत्रों के ऊपर से होकर निकलती है तो शहर के कई अनचीह्ने हिस्सों को भी आँखों के दायरे में ले आती है। यह लाइन मेटापैकेजिंग से शुरु होती है और गैंसेवूर्त गली, 14वीं गली,

चैलसी मार्केट, पश्चिमी यार्ड को छूती हुई, जैविट्स सेंटर, स्प्रिंग स्ट्रीट, कैनाल स्ट्रीट 35वीं स्ट्रीट व 'हडसन यार्ड्स' तक पहुँचती है।

रास्ते में यह चेलसी मार्केट के दूसरे तल के बीच में से पश्चिमी किनारे से निकलती है। यह अनूठापन बहुत आह्लादकारी बन जाता है। ठीक उसी स्थान पर एक कैफ़ेटेरिया भी इसी कारण बनाया गया है कि वहाँ रुककर पर्यटक इस मानव निर्मित अभूतपूर्व कारीगरी का लुत्फ़ उठा सकें। चीन मैट्रो का एक ऐसा वीडियो देखा था जिसमें मैट्रो एक रिहायशी इमारत के अंदर से गुज़रती है।

इस रेलमार्ग का इस्तेमाल होना 1980 में बंद हो गया था तब पेरिस की नकल करते हुए इसे पार्क में तब्दील किया गया। यह वास्तव में 4 किलोमीटर लम्बा मार्ग था जिसका कुछ हिस्सा तोड़ भी दिया गया था और शेष का पार्क बना दिया गया।

इसमें बना पार्क न्यू यॉर्क के वनस्पति जगत की पूरी सचित्र बोधगम्न्य जानकारी के साथ ही उन पेड़-पौधों को पास से देखने समझने का मौका भी देता है। अमेरिका में पाए जाने वाले 500 विभिन्न प्रकार के पौधों का यह घर है। पौधों को इस प्रकार बोया गया है कि रेलवे ट्रेक भी दिखते रहें और हरीतिमा भी। जगह-जगह बैठने के

लिए बेंचें भी बिछाई गई हैं। यहाँ से शहर के रुचिर दृश्य मिलते हैं। हाई लाइन पर चलते हुए कभी हम लकड़ी के फट्टों पर चल रहे होते हैं, कभी सीमेंट के फर्श पर, कभी बजरी पर, कभी मिट्टी पर तो कभी मोज़ाइक टाइल्स पर। पूरे ट्रेक पर नवीनता बनी रहती है।

रास्ते में पड़ने वाली बिल्डिंग पर 'म्यूरल' पेंटिंग के तो कहने ही क्या! इसकी इतनी सुंदर तसवीर कहीं और से निकाली नहीं जा सकती।

हाईलाइन के दक्षिणी छोर पर टिफ़ेनी कम्पनी द्वारा संचालित बाग है जो एक बाल्कनी के जैसी शक्ल लिए हुए है। हमने अपनी यात्रा यहीं से आरम्भ की। आगे चलकर 'डोनाल्ड पेल्स व वेंडी कीस गेनसेवूर्ट वुडलैंड' स्थान है जो सारा लकड़ियों के फट्टों से आकर्षक रूप से बना है। यहाँ बैठने के लिए बेंच भी लकड़ी की हैं। गर्मियों के महीनों में यह हिस्सा हरे पर्दे-सा लगता है। चौदह और पंद्रह स्ट्रीट के मध्य की हाईलाइन में पानी का जमाव भी दर्शकों को लुभाता रहता है। इसके बाद आश्चर्यजनक तरीके से रेलवे ट्रेक चेलसी मार्केट की इमारत के मध्य से निकलता है।

यह इमारत पहले 'नेशनल बिस्कुट कम्पनी' यानि 'नबिस्को' कहलाती थी, अब चेलसी मार्केट स्थल है। इसी पर चलने वाली ट्रेन से जो आटा यहाँ भेजा जाता था, उसे ही इस्तेमाल कर 'ओरियो' के कुरकुरे कुकी की खोज हुई थी। इसमें एक ओर से खुला फूड-कोर्ट भी है।

इसके ऊपर लगे पौधों की वानस्पतिक जानकारी भी बोर्ड लगाकर दी गई है। इसमें एक एम्फ़िथियेटर की भी व्यवस्था है। इसकी बाईसवीं गली पर टीक के पेड़ की लकड़ी की बहुत चौड़ी सीढ़ियाँ हैं, जिन पर लोग पिकनिक मनाने आते हैं।

इसकी ऊँचाई इस प्रकार है कि भरी-पूरी हरियाली के मौसम में ज़मीन पर लगे पेड़ों के शीर्ष को आप हाईलाइन पर बराबर से देख रहे होते हैं। यहाँ से हडसन नदी भी

बीच-बीच में से झाँकती मिलती है। इसमें पंद्रह से अधिक क्यारियाँ हैं जिनमें एक लाख से अधिक पौधे लगे हैं। इस हरियाली की ठंडक आँखों में बसाते हुए बूँदा-बाँदी का आनंद लेते हुए रुकते-चलते हमने एक घंटा लगाया इसे पूरा चलकर पार करने में। हमारा अगला दर्शनाभिलाषी इसके बाद **'द वेसल'** पास ही खड़ा था।

यह हडसन यार्ड्स के पास स्थित सबसे प्रभावशाली इमारत है। इसे देखने का कोई शुल्क नहीं है। यह आम जनता के लिए सुबह 10 से शाम 8 बजे तक खुला रहता है। इसमें जाने के लिए पहले से किसी आरक्षण की आवश्यकता नहीं है।

'द वेसल' जैसा कि नाम से ही ज्ञात होता है, एक बर्तन की शक्ल का है। इसका ताम्बई रंग इसे अन्य सभी निर्मितियों से अलग बनाता है। नीचे

से ऊपर की ओर बढ़ता हुआ इसका आकार भी हैरत की वस्तु है। फिर बर्तन की ही तरह इसका ढाँचा इस प्रकार है कि वह अंदर से खाली है। यानि पूरी संरचना एक गिलास की तरह ही है। इसे मधुमक्खी के छत्ते जैसी आकृति देने की कोशिश भी की गई है। इसका डिज़ाइन थॉमस हैथर्विक द्वारा तैयार किया गया था। इसके बाहर के शीशे शहर का प्रतिबिम्ब उतारते हैं।

यह भी बंद ही था। केवल भूतल पर एक बार अंदर से देख आने की इजाज़त भर थी। इसके अंदर हमने पाया कि गोल चक्कर लगाती सीढ़ियाँ भी हैं जिससे इसके हर एक फ़्लोर पर जा सकते हैं। फ़िलहाल केवल पहले फ़्लोर तक जाने दिया गया। इसके अंदर लिफ़्ट भी है जो कैसे तिरछी चढ़ाई चढ़ती है, यह समझ न आया।

द वेसल और 'हडसन यार्ड्स शॉपिंग मॉल' आमने-सामने थीं तो मॉल का भी एक चक्कर लगाना बनता है। मॉल आलीशान बनी है। खरीदारी करने का मन ऊर्जा की कमी ने मार दिया।

इसके बाद हडसन यार्ड्स का सब-वे स्टेशन भी पास ही था। यह स्टेशन तो स्वयं मॉल जैसा ही खूबसूरत था। वहाँ से मैट्रो पकड़कर हम 'टाइम्स स्कवैयर' के रात्रि-दर्शन का लाभ उठाने गए।

दिन में तो क्या ही भीड़ थी जो रात में थी। लगता था कि सारा न्यू यॉर्क यहीं आ खड़ा हुआ है। तिल रखने की भी जगह नहीं थी।

हमें कहीं सार्वजनिक पानीगृह (शौचालय) नहीं मिले। सबसे अजीब बात यह लगी कि अगर किसी को बाथरूम आदि जाना हो शोरूम में बने हुए इस्तेमाल नहीं कर सकते, उसके लिए वहाँ कुछ खरीदारी करनी होती है। एक शोरूम में सेल्सगर्ल की कृपा से हम बिना खरीदारी के इसे प्रयोग कर सके। यहाँ लोगों में कुछ गजब ही नकचढ़ापन दिखा हमें। इतने मशहूर स्थान में वहाँ बैठे सबके दिमाग़ हो गए थे। सड़क पर वास्तविक कॉपी कहकर बड़ी-बड़ी कम्पनी के नाम का नकली माल बेचने वाले भी ऐसे पेश आते थे कि वे असली कम्पनी के असली मालिक ही हों जैसे। कदाचित असली मालिक भी यों न पेश आता होगा। वहाँ के अश्वेत बड़े ही विशालकाय और दबंग प्रवृत्ति के थे। एक अलग ही संस्कृति हमारे सामने उपस्थित थी। कुछ स्त्रियों ने नारी सुलभ अंगों पर अलग-अलग तरह की पेंटिंग करवाई हुई थी। प्रदर्शन की इस कला से हम पूर्णत:

अनभिज्ञ थे। सांस्कृतिक भिन्नता इसी को कहते हैं। कुल मिलाकर हमें वहाँ कुछ अच्छा अनुभव नहीं हुआ। लगा कि जाने क्या बात है कि लोग यूँ ही यहाँ के लिए मरे जाते हैं। बस, वहाँ से निकले तो कुछ खाने की व्यवस्था कर सीधा आवास पर पहुँचे।

*** *** ***

अगला दिन भी करीब-करीब तय ही था। सबसे पहले मैनहट्टन पुल के पास पहुँचना तय हुआ। गाड़ी एक जगह जमा के हम पुल के नीचे से निकले तो यह अजीब-ओ-गरीब **'डम्बो' मार्केट** दिखाई दी।

इस दिन का पहला पड़ाव यह 'डम्बो मार्केट' ही हुआ जो मैनहट्टन पुल के नीचे ब्रुकलिन जगह में लगती है। इसमें नए-पुराने कपड़े, आभूषण, घड़ियाँ, पर्स आदि सड़क पर ही बिक रहे थे। यह हर शनिवार-रविवार को ऐसे ही लगती है जैसे भारत में कई स्थानों पर पैंठ लगती है। यह 'डम्बो' के गोल गुंबद वाले दरवाज़े के नीचे से शुरु होकर पुल के नीचे-नीचे आगे तक लगती है। सुबह आठ से शाम चार बजे तक लोग सामान की खरीदारी करते रहते हैं। सामान बेचने वाले अधिकतर अश्वेत थे।

इस मार्केट को पार कर हम **ब्रुकलिन ब्रिज** पार्क में थे। शनिवार का दिन था ही, तो बहुत-से छोटे-छोटे बच्चों का यह खेल-मैदान बना हुआ था। पार्क के एक ओर ब्रुकलिन ब्रिज का नज़ारा था तो दूसरी ओर मैनहट्टन ब्रिज का। दोनों अभियांत्रिकी कारीगरी के शानदार नमूने।

इस पार्क से पुल की कई मधुर तसवीरें निकालीं। यह आकर्षक ब्रुकलिन ब्रिज मैनहट्टन को नदी पार ब्रुकलिन हाइट्स से जोड़ता है। इस पर वाहनों की आवाजाही के लिए 6 मार्ग, अन्य एक साइकिल चलाने वालों के लिए और एक पैदल चलने वालों के लिए भी बना है।

इसका खाका जॉन ए. रोबलिंग ने तैयार किया। यह 14 वर्षों में बनकर तैयार हुआ तथा 1883 में चालू हुआ। यह अपने समय का सबसे लम्बा लटकने वाली तकनीक से बना पुल था। नदी के ऊपर से नीचे उतरने के बाद यह काफ़ी दूरी तक ज़मीन पर चलता रहता है। पानी के ऊपर इसकी लम्बाई 1600 फुट के करीब है और पूरी लम्बाई छः हज़ार फुट के लगभग है। आवश्यकतानुसार इसका सुधार कार्य दो-तीन बार किया जा चुका है।

ब्रुकलिन ब्रिज के बाद बना **मैनहट्टन ब्रिज** दूसरा प्रसिद्ध पुल है। यह भी मुख्य खंभों पर तारों के सहारे लटका हुआ पुल है। विक्षेपण सिद्धांत पर बना हुआ यह अपने आप में नव्य अभियांत्रिकी का विशेष नमूना है। यह 6,855 फुट लम्बा है और पानी के ऊपर का हिस्सा लगभग 1500 फुट का है। इसकी खासियत यह है कि यह दो तल (डबल डैक) वाला ब्रिज है। इसका नक्शा लिओन मोइसीफ़ ने तैयार किया था। इन्होंने ही 'जॉर्ज वाशिंगटन पुल' तथा 'रोबर्ट एफ. कैनेडी पुल' को बनाने में सहायक रूप में काम किया था।

यह निचले मैनहट्टन के चाइनाटाउन को उस पार डाउनटाउन ब्रुकलिन से जोड़ता है। यह इस मायने में खास है कि इसमें 7 लेन सड़क यातायात के लिए तो 4 लेन ट्रेनों के लिए भी हैं। बाइक-चालकों और पैदल वालों के लिए 1-1 रास्ता अलग से है। इसके बनने में 8 साल लगे और इस पर ट्रैफ़िक का आना-जाना 1909 में शुरु हुआ।

ऊपरी तल पर चार लेन और निचले पर तीन लेन, इस प्रकार सात लेन हैं। दो तल होने से यह सुविधा होती है कि ट्रैफ़िक की ज़रूरत के मुताबिक लेन की दिशा बदली जा सकती है ताकि यातायात की धारा टूटे न।

इस पुल के नीचे पुल की परछाईं में गर्मी से बचने का अच्छा जुगाड़ था। पार्क में हरी-हरी घास पर बच्चों की लुटलुटी चल रही थी। बड़े बच्चे पेड़ों पर चढ़ गए थे। वातावरण की नमी से पेड़ों के तनों पर भी हरे शैवाल उग आए थे।

पार्क के सामने ईस्ट नदी अपने पूरे सौष्ठव के साथ विद्यमान थी। शांत-सौम्य नदी की एकाग्रता को कोई-कोई यॉट या बेड़ा बीच-बीच में भंग कर देते थे। पार्क के दूसरी ओर, अर्थात् नदी तट से दूरी बढ़ाते हुए चलो तो अन्य कई तरह के बाज़ार व दुकानें थीं। सामने ही **'एम्पायर स्टोर'** में बहुत-से लोग खरीदारी में व्यस्त थे।

यह एम्पायर स्टोर भी खुद में एक अजूबा है। यह गृहयुद्ध के समय का एक गोदाम था जो अब खाली पड़ा था। इसे मार्केट में तब्दील किया गया है। गेरुआ ईंटों का बना हुआ और मजबूत लोहे के दरवाज़ों में जकड़ा हुआ यह अंदर से अंधकारपूर्ण और ठंडा होने के कारण युद्धकाल में खाने के सामान को लम्बे समय तक सुरक्षित

रखता था। इसी कारण अब भी यहाँ पर खाने-पीने की दुकानें अधिक हैं। प्रसिद्ध 'टाइम आउट मार्केट' भी इसी के एक हिस्से में है। इसके अलावा ऊनी व चमड़े के कपड़े भी खरीदे जा सकते हैं। यह एक कारखाने की तरह भी है क्योंकि कुछ कारीगर यहीं काम कर अपने उत्पादों को बेचते हैं।

न्यू यॉर्क के इन तीन दिनों में इतना घूमे, इतनी बार बस, मैट्रो और फ़ैरी ली कि याद रखना मुश्किल है कि कब-कब, कहाँ-कहाँ से कैसे-कैसे गए। अपनी फ़ोटो गैलरी में तसवीरों को देख ऐसा भी आश्चर्य होता है कि क्या हम इस स्थान पर थे भी! यादगार बनाने के प्रयास में यादें कम बनाते हैं हम लोग। प्रस्तुत चित्र कुछ ऐसी ही भावना को जन्म देकर गया है। 'पोर्टसाइड एट ब्रुकफ़ील्ड प्लेस' शायद कुछ ऐसी ही शीघ्रता में देखा।

ब्रुकलिन से फ़ैरी लेकर ब्रुकफ़ील्ड से मैनहट्टन द्वीप पर पहुँचे। यहाँ घूमते-घामते वॉल स्ट्रीट पर आए। यहाँ का 'चार्जिंग बुल' भी देखना था, पर उसका नम्बर बाद में था, पहले अन्य और स्थल थे सूची में। यहाँ 'हयात सैंट्रिक' के पास बने ललित कम्पाऊंड में लाल रंग की बस का इंतज़ार किया। यह बस 'डाउनटाउन कनेक्शन' के नाम से विख्यात है और निचले मैनहट्टन में सभी रुचिकर स्थलों तक घुमाती है।

यहाँ बहुत-सी किराए की साइकिल के स्टैंड बने थे जिसमें एक कतार में खड़ी नीली वर्दी पहने साइकिलें सलीके से जमी थीं। यहाँ से डाउनटाउन कनेक्शन बस ली। उससे ब्रुकफील्ड प्लेस में उतरे।

ऐसे छत वाले रास्ते पैदल चलने की आदत में बढ़ोत्तरी करते हैं। अगर स्थान अधिक दूर नहीं है तो किसी यातायात के साधन की प्रतीक्षा में समय गँवाने की बजाय पैदल जाकर समय बचाया जा सकता है और तंदुरुस्ती तो बढ़ेगी ही। यहीं से निकलकर आगे जाने से पहले **'ब्रुकफील्ड प्लेस मॉल'** दिखाई दी।

हम दुबईवासियों को मॉलों से बहुत प्रेम होता है। कुछ तो एक कारण यह भी होता है कि तुलना की जा सके कि अपने दुबई की मॉल ही सबसे खूबसूरत हैं या इसके

बाहर भी सुंदर-सुंदर मॉल हैं। यह या फिर जाने कौन-सा जादू हमें 'ब्रुकफील्ड प्लेस मॉल' के अंदर ले गया।

'ब्रुकफील्ड प्लेस मॉल' के आकर्षण का आनंद लिया। मॉल बेहद मनभावन थी। मॉल की छत के नीचे भी विमुक्त नैसर्गिक वातावरण में बैठने का अहसास लिया जा सकता था। यहाँ हमने हल्के चाय-नाश्ते का स्वाद चखा। फिर इसके दूसरी ओर निकले और फैरी टर्निनल से 'स्टेटन आइलैंड' के लिए फैरी ली।

हमने दो दिन का 'पास' लिया हुआ था। इस फैरी की टिकट उस 'पास' में शामिल थी। अलग से टिकट लेने की आवश्यकता नहीं पड़ी।

फैरी स्टेशन भी सुरूप बना हुआ था। इसमें प्राकृतिक ठंडी हवा के झोंकों का मज़ा लेते हुए बैठने का समुचित प्रबंध था। इसे देखकर महसूस हुआ कि दुबई के स्टेशनों पर यहाँ की छाप है। हडसन नदी के पानी के बीच से मैनहट्टन शहर अवलोकनीय चित्र उपस्थित कर रहा था। कितनी भी बड़ी मानव निर्मितियाँ हों, प्राकृतिक निर्मिति के सामने कितनी बौनी प्रतीत होती हैं।

जल व आकाश की संधि कराती मैनहट्टन की क्षितिज रेखा।

फैरी में से **लेडी लिबर्टी** की अच्छी तसवीर ले लेना उस समय बहुत बड़ी उपलब्धि रही। दुर्भाग्य से पिछले कुछ दिनों कोशिश कर के भी उसके ऊपर जाने का

टिकट हम नहीं जुटा पाए। शायद दस-पंद्रह दिन पहले ही लेनी चाहिए थी। लिबर्टी म्यूज़ियम और आइलैंड का ही टिकट उपलब्ध था, सो हमें गवारा नहीं था। आइलैंड से तो प्रतिमा के केवल पाँव ही दिख पाते। पूरी देखना था, जो अब दूर से ही संभव था। हमारे मोबाइल-कैमरे की दूरदर्शी आँख हमें दिखा रही थी कि आइलैंड पर इस समय हज़ारों की तादाद में लोग खड़े थे। हमने शुक्र मनाया कि हम उस भीड़ का हिस्सा नहीं हैं। अंगूर खट्टे ही होते होंगे वहाँ, यह सोच हँसी भी आई।

मैनहट्टन के दक्षिणी छोर पर 12 एकड़ क्षेत्रफल के द्वीप को 'लिबर्टी आइलैंड' का नाम दिया गया है। 'लिबर्टी नेशनल मोनुमेंट' की स्थापना के लिए इस 'ग्रेट ओएस्टर' द्वीप ('विशाल सीप' पुराना नाम) को न्यू यॉर्क ने व्यापारी आइज़ेक बेड्लू से खरीदा था। पहले यहाँ किले का निर्माण हुआ फिर किले के अंदर इस वृहदकाय प्रतिमा का।

कई तरह की नावें, फैरी, जहाज़ व हैलीकोप्टर उसके चहुँ ओर मँडरा रहे थे। कुछ उसकी परिक्रमा कर रहे थे मानो वह कोई पवित्र हवन कुंड हो। कुछ भी हो लोग दुनियाभर से इसे देखने ही आते हैं।

यह क्षेत्र यूनेस्को की हैरिटेज साइट्स यानि वैश्विक धरोहरों में दर्ज है। न्यू यॉर्क की खाड़ी में स्थित स्टेच्यू ऑफ़ लिबर्टी अमेरिका और फ्रांस की दोस्ती का प्रतीक है। यह मूर्ति 93 मीटर ऊँची है। यह सीधे हाथ में मशाल उठाए और बाएँ में एक फाइल या पुस्तक को पकड़े आज़ादी की घोषणा करती है। इसके मुकुट में आठों दिशाओं में देखने के लिए ओब्ज़र्वेशन तल बना है। इसके नीचे लिबर्टी म्यूज़ियम भी देखने लायक है।

अब फैरी ने हमें स्टेटन आइलैंड उतार दिया। अब यहाँ क्या करें, यह तो प्लान में था ही नहीं। यहाँ बंदरगाह निर्माण का कार्य भी पूरे चढ़ाव पर था। सौ-दो सौ मीटर की दूरी पर एक निर्माण हमें आधुनिक-सा लगा। सोचा चलकर देखते हैं। वहाँ एक निहायत ही नवीन और खूबसूरत मॉल ने हमारा स्वागत किया। इसका नाम 'ई.ओ.' या **'एम्पायर आऊटलेट्स मॉल'** था।

मॉल में आमोद-प्रमोद के सभी इंतज़ाम थे। हल्की गर्मी में भी खूब सारे पर्यटक इसका मुआयना कर रहे थे। मॉल के बीच के प्रांगण में आते ही संगीत की धुन कानों में पड़ रही थी जो कहीं दूसरे तल से आ रही थी। हम फूलों की साज सज्जा से बने प्रांगण में तसवीरें लेकर संगीत की ताल को पिछुआते वहीं पहुँच गए। दूसरे तल के खुले हिस्से वाले बड़े गलियारे में कई फव्वारे उष्णता घटाने के प्रयास में जुटे हुए थे। वहीं से यह ऊँचा संगीत नीचे तक सुनाई दे रहा था। घूमने वाले सभी प्राणी मस्त-मलंग अपनी-अपनी नृत्य-कला दिखा रहे थे। बच्चे बूढ़े सभी थिरक रहे थे। हमने भी सबके साथ मिलकर थोड़ी-बहुत कमर हिलाई। इस मनोहर अनुभव ने हमारी दोपहर को खुशगवार बना दिया।

स्टेटन द्वीप हम इसलिए आए थे कि मार्ग में लिबर्टी की प्रतिमा देख सकें। यहाँ हमें और भी आनंद आया और यह गंतव्य निमित्त मात्र न रहकर दर्शनीय सूची का हिस्सा हो गया।

ब्रुकफ़ील्ड से स्टेटन आइलैंड के लिए एक बहुत बड़ी फैरी हर दम चक्कर लगाती है। यह निशुल्क यहाँ से वहाँ और वहाँ से यहाँ सैलानियों को उतारती रहती है। जब हम फ़ैरी टर्मिनल पर पहुँचे तो हमें यह दिखी और हम इसकी विशाल आकृति में ऊँट के मुँह में जीरा जैसे समा गए। इसने हमें वापस 'स्टेटन आइलैंड फैरी टर्मिनल' पर उतारा। यहाँ आस-पास ही हमने पिज़्ज़ा से अपने उदर को शांत किया और साथ सटे हुए, तट पर ही बने हुए **'बैटरी पार्क'** की ओर कदम बढ़ाए।

इसे हम खुले आसमान के नीचे बना ऐतिहासिक संग्रहालय या स्मारक भी कह सकते हैं। एक पार्क को ही संग्रहालय में ढाल दिया गया था। बैटरी पार्क की एक और विशेषता यह है कि यहाँ से स्टेटन आइलैंड और 'द स्टेच्यू ऑफ़ लेडी लिबर्टी' भी सामने ही दिखाई देती है।

इस पार्क में न्यू यॉर्क के आरंभ का इतिहास दर्ज है। चार दशक पहले इस स्थान पर बंदूकों की बैटरी बनाई जाती थीं। इसके शुरुआती क्षेत्र को लैंड्फ़िल के द्वारा धीरे-धीरे बढ़ाया गया जिससे इसका कुल इलाका 25 एकड़ का हुआ। इसकी भूमि के नीचे ब्रुकलिन बैटरी टनल और भूमिगत पारपथ भी बने हुए हैं।

पार्क में अश्वेतों का अफ़्रीकी रीति का प्रत्यक्ष गीत-संगीत चल रहा था। उनके चारों ओर गोल घेरे में दर्शकों और श्रोताओं की अच्छी-खासी भीड़ जुटी थी। इस पार्क में बहुत से ऐतिहासिक स्मारक मौजूद हैं। इसके अंदर 19वीं शताब्दी का 'क्लिंटन कैसल', 'सी-ग्लास करुसल', 'ईस्ट कोस्ट मैमोरियल', 'द बैटरी अरबन फ़ॉर्म', 'द बैटरी फाउंटेन स्प्लैश', 'कोरियन वार मैमोरियल', 'अमेरिकन मर्चेंट मैरिनर्स मैमोरियल' आदि इसका हिस्सा हैं।

यह मैमोरियल उन बहादुरों की याद में बना है जिन्होंने अटलांटिक युद्ध में अपने प्राण गँवाए। साढ़े चार हज़ार से कुछ अधिक नाम संगमरमर की इन आठ दीवारों पर गढ़े हुए हैं जो ग्रेनाइट से बनी बाज़ की प्रतिमा के दोनों ओर बनी हुई हैं।

एक समय में यहाँ बहुत-से शरणार्थियों का आगमन हुआ था। उसी को दर्शाती और विस्थापितों की पीड़ा को बताती लुई सैनगिनो की बनाई मूर्तियाँ अति विचारणीय बन पड़ी हैं।

1950 से 1953 तक चले कोरियन युद्ध के शहीद सैनिकों को श्रद्धांजलि देता यह कटआऊट पार्क में स्थापित है। कोरिया युद्ध के लिए यह पहला स्मारक-स्तंभ है। इसका सैनिक आकृति वाला रिक्त हिस्सा एक प्रकार का सन-डायल है। जिस समय यह युद्ध समाप्त हुआ था, 27 जुलाई को 10 बजे प्रतिवर्ष सूर्य अपनी किरणें सीधा सैनिक के सिर पर डालता है।

U.S. COAST GUARD
RECRUITING
IN MEMORY OF THE MEN AND WOMEN
OF THE UNITED STATES COAST GUARD
WHO SERVED THEIR COUNTRY
IN WORLD WAR II A.D. 1941-1945

द्वितीय विश्वयुद्ध में तटरक्षक सेना के जिन स्त्री-पुरुषों ने अपने प्राणों का बलिदान किया, उनकी याद में यह स्मारक-स्तंभ यहाँ स्थापित किया गया है।

इस पार्क में लगी इन श्रद्धांजलियों ने हमारी जिह्वा को मौन और हृदय को व्यथित कर दिया।

अभी अनेक स्थल सूची के अनुसार बाकी थे। अंत: अधिक समय न लगाते हुए हम आगे बढ़ते जा रहे थे। **'द स्काई-स्क्रेपर म्यूज़ियम'** इसके अंतिम छोर पर था। इसे देखे बिना न रह सके।

पार्क से निकल सड़क पार कर 'द स्काई-स्क्रेपर म्यूज़ियम' में गए, जिसे हम मिनिएचर न्यू यॉर्क भी कह सकते हैं। इससे पूरे न्यू यॉर्क की इमारतों का लेखा-जोखा मिल रहा था। उन्हें सब दिशाओं से देखने का सुनहरा अवसर था। इसमें बहुत-सी इमारतों की विस्तृत जानकारी मिली। दुनिया की बड़ी-से-बड़ी इमारतों का आपसी तुलनात्मक अध्ययन वहाँ प्रदर्शित था। इससे शहर का विहंगात्मक बोध हुआ।

एम्पायर स्टेट ट्रेल पर चलते हुए हम **चार्जिंग बुल** तक पहुँच गए। वहाँ लगी लम्बी लाइन देखकर हम दंग रह गए। ऐसे मानो किसी मदिर में दर्शनों को भक्तगण

पंक्तिबद्ध हैं। परंपरा का पालन करते हुए हम भी लाइन में लग गए। जब तक नम्बर आता, जाली की बाड़ के बाहर से ही कुछेक चित्र उतार लिए।

हैरत होती थी कि इस साँड में ऐसा क्या है कि लोग दीवानों की तरह इसके साथ फ़ोटो खिंचवाने को मचल रहे हैं। यह किसी फ़िल्म की सुपरस्टार अभिनेत्री है क्या? यह काँसे की बनी हुई मूर्ति कैसे ऊर्जा से चार्ज कर रही है आगंतुकों को?

ज्ञात हुआ कि कलाकार अर्टुरो डि मोडिका की अद्भुत कलाकृति है यह, जो वॉल स्ट्रीट के 'बाऊलिंग ग्रीन' नामक स्थान पर है। 7 हज़ार पौंड्स के वज़न वाला यह साँड वित्तीय बाज़ार में 'बुलिश' प्रवृत्ति के आशावाद का प्रतीक है। इसका निर्माण 1987 में वित्तीय बाज़ार में जबरदस्त गिरावट आने के बाद किया गया था। यह आपत्ति के समय में भी साहस को बनाए रखने का संदेश देता है।

इसको कई टुकड़ों में स्टूडियो के अंदर ही बनाया गया था और स्टॉक एक्सचेंज के सामने लाकर वेल्डिंग द्वारा जोड़ा गया था। इतनी सफ़ाई से जोड़ा गया कि जोड़ का कोई निशान इस पर दिखता नहीं है। बाद में इसे इस स्थान पर सड़क के बीच में पत्थरों से बनी ज़मीन पर गोल घेरे में खड़ा किया गया।

अपनी बारी आने पर जैसी मुद्रा में अन्य लोग खड़े होते थे, वैसी ही हमने बनाई और फटाफट से पहले कई तसवीरें निकाली। इससे पहले कि अगले नम्बर वाले हम पर बरसते, हम बरसाती मेंढक की तरह वहाँ से फुदक लिए।

अब आगे हमें 11 सितम्बर के स्मारक तक जाना था। रास्ते में यह निराला-सा 'ट्रिनिटी चर्च' दिखा। इसकी सुषमा ने हमें मोहित कर लिया।

इसके आसपास बहुत लोग जमा थे। दिन भी रविवार का था। इसके सामने ही आगे चलने पर एक और कलाकृति ने हमें रोक लिया। इस लाल वर्गाकृति के पास तरह-तरह की

तसवीरें निकाले बिना निकल जाना इसका अपमान होता।

आठवीं के बच्चों को गणित सिखाने में बहुत काम आएगा यह। त्रिज्या, व्यास, वृत्त का परिमाप, वर्ग का परिमाप, घन का आयतन, उसमें से सिलेंडर का आयतन घटाकर कुल लगने वाली सामग्री की कीमत आदि निकालना सिखाना बहुत आसान होगा। इसके अतिरिक्त कुल आयतन में से नीचे का कटा हुआ पिरामिडनुमा हिस्से का आयतन भी तो घटाना होगा। खैर, फिलहाल तो हमने

इसकी आकृति से खूब मस्त अंदाज़ में तसवीरें लीं।

आगे 'ज़ुकोटि पार्क' भी मिला। छाया-छाया में सुहावने मौसम में हम कदमताल मिलाते हुए बढ़ते रहे।

नौ-ग्यारह मैमोरियल देखने जाना एक ऐसे ऐतिहासिक घटनास्थल पर जाना है जिसने पूरे विश्व को दहला दिया था। मुझे याद है वह काला दिन। अमेरिका में शाम के सवा चार बजे दुबई में सुबह के सवा आठ बजे थे उस दिन। अपने कार्य स्थल की प्रार्थना-सभा में इसका उल्लेख हुआ था। कानों पर विश्वास ही न हुआ था।

आज उसी के अवशेषों पर निर्मित यह स्मारक स्थल विगत को सलामी देता हुआ भव के प्रति आशा का संचार करता है। ट्विन टॉवर के पूरे क्षेत्र को पार्क बना दिया गया है। यह पार्क ओक पेड़ों यानि शाहबलूत से घिरा हुआ है। मानव निर्मित सबसे बड़ा पानी का झरना उन दो मीनारों के स्थान पर बनाया गया है। दो टॉवर को प्रतिध्वनित करते दो तालाब व झरने बनाए गए हैं। हरेक ताल एक एकड़ में बना है। इन दोनों तालाबों की बाहरी दीवारों पर काँसे से उन सभी मासूमों के नाम की तख्तियाँ लगी हैं जो इस आततायी घटना में मारे गए। इसे देखकर मन बहुत उदास हुआ। मुस्कुराना कठिन हो गया।

नाइन-इलैवन, इसी नाम से संग्रहालय भी बनाया गया है। इस दुर्घटनापूर्ण तारीख का सारा इतिहास इस म्यूज़ियम में प्रकट किया गया है। इस आक्रमण के शिकार 3000 जीवनों को श्रद्धांजलि अर्पित की गई है। इसके अतिरिक्त जो इस घटना के समय

आस-पास ही थे और येन-केन-प्रकारेण जान बचा सके, उनके साहस, धैर्य और विवेक को भी यह स्मारक नमन करता है। धन्य थे वे जो गए और धन्य हैं उन्हें याद करने वाले।

इस स्मारक के सामने ही एक सफेद रंग की बिल्कुल नवीन तरह की निर्मिति ने हमारा ध्यान खींचा। यह एक पंख फैलाए पक्षी की तरह की आकृति वाली मॉल थी। नाम था- **'द ऑकुलस सेंटर'**। यह स्टील की मजबूत छड़ों से बनी हुई संरचना है।

धराशायी वर्ल्ड ट्रेड सेंटर के पुनर्निर्माण का ही हिस्सा है- ऑकुलस। सितम्बर 2001 में सब कुछ तहस-नहस हो जाने के बाद वैश्विक व्यापार केंद्र के पुनर्निर्माण की योजनाएँ नव कल्पना के साथ बनीं। ऑकुलस को तब एक यातायात केंद्र और व्यापारिक स्थल के रूप में बनाया गया। 2004 में इसकी परियोजना पर कार्यान्वयन शुरु हुआ और 2016 में यह बनकर तैयार हुई। यह इस शहर की ही नहीं, पूरे देश की उठ खड़े होने की अपार शक्ति, क्षमता और दृढ़ निश्चय का प्रतिरूप है। यह आतंक का प्रतिनिधित्व करने वालों के मंसूबों पर एक करारा तमाचा है। उनके क्रूर इरादों की हार पर जयघोष का स्थायी अक्षर है यह ऑकुलस।

हम इसी में से होकर निकले। इसकी सम्पूर्ण आकृति को निरखा-परखा। यह उड़ान भरने की शुरुआत करते फ़ाख्ता को दर्शाता है।

ऑकुलस तक पहुँचते हुए हमने म्युरल पेंटिंग का भी जायज़ा लिया। यहाँ से निकलकर एक बार 'एम्पायर स्टेट बिल्डिंग' को भी निकट से देखा। दूर से कई बार देखा था। रोकेफ़ेलर सेंटर की छत से भी यही सबसे ऊँची दिखती थी। यह आसमान को भेदती मीनार 102 मंजिला है। कई-कई बार गुज़री उन गलियों से फिर एक बार गुज़रे और अपने आवास की राह ली।

***   ***   ***

अगले दिन बच्चों के पसंदीदा **'हैरी पॉटर' स्टोर** का दौरा किया। यह न्यू यॉर्क का प्रधान व प्रामाणिक स्टोर है। यह एक नामी बिल्डिंग 'फ़्लैटिरॉन' के पास ही है। यहाँ पर सबसे बढ़िया हैरी पॉटर के उत्पाद मिलते हैं। यह तीन मंज़िल में फैला हुआ है।

इसे बहुत कल्पनात्मक तथा सुरुचिपूर्ण रीति से सजाया गया है। यह केवल एक विक्रय-केंद्र नहीं था, बल्कि एक संग्रहालय की तरह से था। इसको अच्छी तरह खँगाला। कुछेक चीज़ें खरीदीं। हालाँकि यह बहुत रचनात्मक विधि को प्रदर्शित करता है, फिर भी कुछ देर में ही उबाऊ लगने लगा। बच्चों को अंदर ही छोड़कर हम बारिश और सुहावने मौसम का आनंद लेने बाहर आ गए। बाहर फूलों की दुकान और सामने ब्रौडवे के चौराहे पर लगे कलित फ्रेम में तसवीरें लीं।

925
Broadway

Greetings

सरकार की ओर से मौसम के अलर्ट लगातार मिल रहे थे किंतु हम रुककर बैठ न सकते थे। हमें आज ही बोस्टन वापिस जाना था।

सड़क पर चलते हुए कार में से ही एक बार फिर मैनहट्टन ब्रिज की सूर्यास्त के दौरान ली गई तसवीर अच्छी बन पड़ी।

प्रकाश स्तम्भों का गढ़ : बोस्टन

वह तूफ़ानी दिन कभी भूला नहीं जा सकता। सुबह से ही बरखा रानी जम के बरस रही थीं। ऐसे ही हालात में हमने न्यू यॉर्क छोड़ा और बोस्टन के लिए निकले। सीधा रास्ता 4 घंटे का था। वर्षा के कारण मौसम में ठंडक हो गई थी। कॉफी की आवश्यकता हम सबको लग रही थी। ढूँढकर रास्ते में **'ट्रमबुल मॉल'** देखी और कुछ देर राहत की साँस लेने और कॉफी से गर्माहट लेने की सोची। मॉल सुरम्य ही थी जैसे कि अन्य सभी मॉल होती हैं। कार खड़ी करने से मॉल के अंदर तक जाते-जाते भी हम भीग ही गए थे। मॉल के जिस द्वार से हमने प्रवेश लिया वहाँ घुसते ही 'ग्यूकामोल्स' नामक रेस्त्राँ ने हमारा ध्यान खींचा। आदिवासी रीति के वाद्ययंत्रों की-सी सजावट बहुत अच्छी लगी।

रेस्त्राँ खाली पड़ा था। यह मॉल ही खाली पड़ी थी। बारिश के कारण अधिक लोग मॉल में नहीं थे। सरकारी चेतावनियाँ भी बार-बार मिल रही थीं। लोग-बाग घर में या दफ़्तर में ही होंगे और कुछ राहगीर ही शरण लेने के लिए मॉल में आए हुए थे।

बारिश कुछ हल्की पड़ी तो हमने पुन: ड्राइव करना शुरु किया। हमें शाम से पहले बोस्टन हवाईअड्डे पहुँचना था। सुपुत्र को बस इतना ही अवकाश काम से मिला था, उसी की आज वापसी की उड़ान थी। इस वृत्तांत में कुछ चित्र उसके साथ नियाग्रा से पहले बोस्टन में घूमी जगहों के भी शामिल हैं।

इसके बाद जब भूख सताने लगी तो हम रास्ते में पड़ने वाली **'येल यूनिवर्सिटी'** के इलाके में घुसे कि यहाँ पेट-पूजा के लिए अवश्य कुछ बढ़िया मिल जाएगा। यह 'न्यू हैवन' नामक काउंटी में बनी हुई है। इसका कैम्पस बहुत ही लुभावना था। बारिश न के बराबर हो चुकी थी। इसके कैम्पस को कार से और कुछ पैदल ही घूमकर देखा। यहाँ हमने 'चिपोटले' से लेकर चावल से बने व्यंजन खाए। पहली बार देखा कि चावल ऐसे भी खाए जा सकते हैं, तरह-तरह की क्रीम, छेद वाला विदेशी पनीर (चीज़), सलाद, सब्जी व राजमा एक साथ डालकर। खाने के मामले में कुछ नया आजमाना मुश्किल होता है पर इस नए प्रयोग का यह अनुभव खराब नहीं रहा।

कुछ इस तरह रुकते-चलते हम बोस्टन हवाईअड्डे से ट्यूक्सबरी स्थित अपने घर पहुँचे। यह एक पहाड़ी इलाका है। 'एमेस' झील के चारों ओर बसाई गई लोकेलिटी में घर था। यह झीलों, जंगलों और पहाड़ियों का क्षेत्र है। कुछ किलोमीटर दूर

'हैगेट्स झील' भी है। 'एमेस' झील तो बिल्कुल घर के पीछे ही थी जो हमारी सुबह की चाय को मनोहारी दृश्य के साथ और भी स्फूर्तिदायक बना देती थी। पहाड़ी होने के कारण घर इस प्रकार था कि सड़क पर से जब बिल्डिंग में प्रवेश करो तो हम जिसे भूमितल मानते थे, उसके नीचे वाला तल पीछे की ओर से भूमितल होता था। उसी पर अपना ठिकाना था। वह भूमितल भी झील की सतह से काफ़ी ऊँचाई पर था। खिड़की से ही दिखती झील, उसमें कभी-कभार आती नावें, किनारे पर बसे घने जंगल बहुत आकर्षित करते थे। इस तालाब और उसके किनारे की वनस्पति को देखकर अहसास हुआ कि जिस प्रकार के ताल और जंगल से घिरे जलघट की रचना हम अपनी चित्रकारी में करते हैं, उनका मूल चित्रण यहीं से आरंभ हुआ होगा। मात्र यहाँ ही नहीं, ऐसे कई प्राकृतिक सुहावने दृश्य हमने एक बड़े शहर से दूसरे शहर जाते हुए मार्ग में भी देखे।

अब बोस्टन और उसके चारों ओर के क्षेत्रों में घूमने की बारी थी। बोस्टन घूमने बहुत कम लोग जाते हैं। यह उतना पोपुलर नहीं है जितने कि अमेरिका के अन्य शहर हैं। लेकिन यहाँ भी देखने के लिए बहुत कुछ है। आप भी मेरे साथ बोस्टन देखिए।

सुबह हमने भारतीय मार्केट 'पटेल्स' तथा एक अन्य बाज़ार 'मार्केट बास्केट' जाकर सब्ज़ी-भाजी की खरीदारी की। पिछले दिन की भागमभाग की थकान उतारी। शाम को हम एक प्यारे-से बंदरगाह **'300 पियर 4'** देखने गए। यहाँ व्यवसाय, आवास, मनोरंजन, सबकी भरपूर व्यवस्था है। यह बहुत सुंदरतापूर्ण तरीके से विकसित किया गया है। सबसे पहले हमें यहाँ समकालीन कला का संस्थान यानि 'द इंस्टीट्यूट ऑफ़ कन्टेम्परारी आर्ट' दिखाई दिया। इसके बंद होने का समय था। इसके बाहर ही एक लौहकृति बनी हुई थी।

इसे बनाने वाले कलाकार का नाम सिमोन लेह है। यह 'सेटेलाइट' उसकी कई प्रसिद्ध कलाकृतियों में से एक है" उसकी लगभग सभी कलाकृतियाँ श्याम वर्ण में प्रदर्शित हैं। यह 24 फुट ऊँची आकृति मूल रूप से काँसे की बनी है। इससे आगे जाकर हम 'हार्बर वॉक' नामक दिशा-पट्टी पर चलते गए। चलने का रास्ता सीमेंट की ईंटों का हो या लकड़ी के फट्टों का, जगह-जगह बहुत-सी मूर्तियाँ गायों की बनी हुई थीं जिन पर तरह-तरह की चित्रकारी की गई थी।

प्रत्येक गाय के स्टैंड पर उसे बनाने वाले का नाम, चित्रकारी का विवरण आदि लिखा हुआ था। ऐसी अनेक मूर्तियाँ लगी होने का कारण था कि बोस्टन में गाय-पालन का कार्य बहुतायत में होता है। 'गाय परेड' नाम से भी एक स्थल यहाँ हैं जहाँ ऐसी और भी मूर्तियाँ बनाई गई हैं। यह बोस्टन को एक खास पहचान दिलाती हैं।

यहीं से आगे हमने 'फैन पियर पार्क' में प्रवेश किया। इसमें बैठने, भ्रमण करने व बच्चों के खेलने व झूलने के स्थान बने हुए थे। एक गोल घेरे में अलाव भी जल रहा था। अब तो नहीं पर सर्दियों में यह बहुत साथ निभाता होगा।

हार्बर वॉक पर चलते-चलते हमें 'एवलिन मोकली ब्रिज' दिखा। इस पुल को जॉन जोसेफ़ मोकली न्यायालय की इमारत के गोल-गोल मोकलों से देखना इसे और भी तसवीरयोग्य बना रहा था। यह इमारत तथा इसका आलीशान डिज़ाइन स्वयं आकर्षण की वस्तु है। खुले में चलने वाले इसके नीचे से गुज़र कर छाँव में चल सकें और बंदरगाह की क्रियाओं का अवलोकन कर सकें, इसका भरपूर मौका यह देता है। इसमें मैसाचुसेट्स का जिला न्यायालय प्रथम चक्र की सुनवाई करता है। यह फैन पियर के एक कोने पर स्थित है। यहीं बस की सिल्वर लाइन का स्टॉप है और बोस्टन हार्बर की नौका-यात्रा का आरंभिक स्थल भी है।

आगे हमें मार्टिन्स पार्क मिला। यहाँ से बोस्टन बंदरगाह का मंजुल नज़ारा मिलता है और समुद्र किनारे चहलकदमी का आनंद भी। इसी पार्क की सीमा पर दो मुख्य दर्शनीय स्थल हैं- 'बोस्टन चिल्ड्रन्स म्यूज़ियम' और 'हूड मिल्क बॉटल प्लाज़ा'। हूड मिल्क बॉटल प्लाज़ा 40 फुट ऊँची है और आईसक्रीम बेचने का अड्डा जैसी है। यह किसी और स्थान पर 1930 में बनी थी। इसमें बनी खिड़कियों से आईसक्रीम की बिक्री की जाती थी। 1977 में इसकी मरम्मत की गई और इसे जहाज़ से लाकर इस स्थान पर लगाया गया। यह बच्चों का पसंदीदा स्थान है।

इस स्थान पर एक और चीज़ जो हमें बहुत भा गई, वह थी जहाज़ों और नौकाओं का इतिहास बताने की नवीन विधि। यह नौका-आलेख इतिहास खँगालने के अतिरिक्त कैमरे के फ्रेम को भी दूर-पास की आकृतियों से दोहरा सजाती हैं।

चित्र में प्रदर्शित वर्ष 1900 तथा 2000 के समान अन्य बहुत सी ऐतिहासिक शताब्दियों का सफ़र इन आकृतियों ने तय किया था।

जहाज़ों की बनावट, तकनीक, संचालन, आकार-प्रकार, आंतरिक संरचना में समय के साथ कैसे धीरे-धीरे परिवर्तन हुआ, ऐसा लगभग एक शताब्दी का इतिहास इस दर्शनीय तरीके से व्यक्त किया गया था। इसे हम खुले आसमान के नीच लगी नौका-विकास प्रदर्शनी कह सकते हैं। यह एक अच्छा तरीका है मनोरंजन के साथ ज्ञानवर्धन के लिए। आगंतुकों को बिना अधिक समय लगाए और बिना अधिक परिश्रम के वहाँ की रोमांचकारी जानकारी मिल जाती है तो उस स्थान से एक जुड़ाव महसूस होता है।

बोस्टन अमेरिका की सीमा पर होने के कारण एक पोर्ट सिटी है। यह प्राचीन समय से ही बंदरगाहों के लिए जाना जाता है। अंत: यहाँ पर नावों, नौकाओं और जहाज़ों का निर्माण कार्य बहुत लम्बे समय से चला आ रहा है। इसके अलावा बोस्टन हार्बर तक जहाज़ों से आने वाले माल को ट्रेनों से देश भर में पहुँचाया जाता था, जिसके लिए यहाँ बहुत बड़ा माल गोदाम, बहुरेखीय ट्रेन ट्रेक का जाल और अंतिम स्टेशन (टर्मिनल) है। विहंगम दृष्टि से देखने पर यह जाल एक पंखे की तरह दिखाई देता है जिसे ताड़ के सूखे पत्ते से हस्तकला द्वारा बनाया गया हो, इसीलिए इसे 'फ़ैन पियर' कहते हैं। पियर का हिंदी अर्थ भी नावों को घाट पर बाँधने वाला तटबंध ही है। अलग-अलग शहरों से आती ट्रेन के ट्रेक टर्मिनल में प्रवेश करते हैं और एक हवा के झोंके की तरह जहाज़ों के बर्थ की ओर मुड़ जाते हैं, इस कारण भी यह फ़ैन पियर

हुआ है। बहुत बाद में इसे दर्शकों के लिए पर्यटन स्थल के रूप में विकसित किया गया है।

सुंदर बंदरगाहों को देखने के लिए ऊँचाई पर बड़ी मचान जैसी निर्मितियाँ हैं। आप सीढ़ी चढ़कर ऊपर जाकर दूर तक का दृश्य देख सकते हैं। यहाँ से पूरे हार्बर का अनुमान भी लग जाता है।

मचान के ऊपर से दूसरी ओर का सुहावना दृश्य मिला। जहाँ छोटी नावें और यॉट बड़े करीने से कतार में खड़ी थीं। कतारबद्ध ये साइकिलें भी बड़ी प्यारी लग रही थीं। कहीं आने-जाने के लिए यहाँ साइकिलें भी किराए पर मिलती हैं। इन्हें दुतरफ़ा आवगमन के लिए या एकतरफ़ा आवागमन के लिए भी इस्तेमाल किया जा सकता है। शर्त केवल इतनी है कि इसे कहीं भी यूँ नहीं छोड़ा जा सकता। इसके लिए नियत स्टैंड पर ही इसे लगाकर कोड द्वारा ताला लगाना होगा।

इन्हें ब्लू बाइक्स कहते हैं। पूरी मैसाचुसेट्स में इनके जगह-जगह स्टैंड हैं जहाँ से आसानी से मिल जाती हैं। पहले 45 मिनट के लिए ये निशुल्क मिलती हैं। इन्हें दैनिक, मासिक या वार्षिक भाड़े पर लेने का भी प्रविधान है। पर्यावरण को बचाने के लिए ऐसे प्रयास सराहनीय हैं।

*** *** ***

अगले दिन का टूर मुख्य रूप से समुद्री जहाज़ों को मार्ग दिखाने के लिए बने प्रकाश-स्तम्भों का था। बोस्टन में बहुत से बंदरगाह हैं और बहुत-से पुराने तटों पर आज भी लाइटहाउस मौजूद हैं। कहीं ये बिल्कुल तटीय रेखा पर हैं तो कहीं समुद्र किनारे किसी द्वीप पर। इन्हें और इनसे बनने वाले सौंदर्यपूर्ण दृश्य को निहारने के लिए सूरज के कुछ नरम पड़ जाने के बाद ही का समय उचित था। सो, हम पहले 'रॉकिंगम पार्क' में बनी मॉल **'रॉकिंगम प्लाज़ा'** देखने गए।

यहाँ से पर्स और कुछ कपड़े आदि खरीदे। दोपहर में कुछ खा-पीकर हम लाइटहाउस ट्रिप पर निकले। पहला पड़ाव **पोर्ट्स्माऊथ हार्बर लाइटहाउस** था। हम गूगल के बताए नक्शे के अनुसार वहाँ पहुँच गए। हमें आश्चर्य हुआ जब

बहुत ढूँढने पर भी हमे वहाँ कोई प्रकाश-स्तम्भ नहीं। मिला। उस स्थान पर समुद्र किनारे एक आलीशान आवास कॉलोनी बनी हुई थी। उसके निवासियों के अपने निजी समुद्र-तट थे। संभवत: उस स्थान के आधुनिकीकरण और विकास प्रक्रिया ने उस पुरातन प्रकाश-स्तम्भ को लील लिया होगा।

कुछ आगे गाड़ी बढ़ाने पर हमें पार्क मिला जिसका नाम था- **ग्रेट आइलैंड कॉमन पार्क**। यह एक सुषम्य स्थान प्रतीत हुआ तो हम यहाँ कुछ देर रुक गए। यहाँ से समुद्र का सुंदर नज़ारा मिलता था। समुद्र में बहुत-सी नौकाएँ लहरों पर अठखेलियाँ कर रही थीं।

पार्क में बहुत-से वयोवृद्ध अकेले, जोड़े से और सामूहिक रूप से अपना समय व्यतीत कर रहे थे। एक सज्जन से हमारी बात-चीत भी हुई। वे जलसेना के सेवानिवृत्त अधिकारी थे। वे एक अर्से से वहीं रह रहे थे। उन्होंने उस स्थान के बारे में समुचित जानकारी दी।

इस पार्क में आने की 4 डॉलर प्रति व्यक्ति फीस देनी होती है। 6 वर्ष से कम आयु के बच्चों के लिए कोई टिकट नहीं है। यह 32 एकड़ तटीय भूमि पर बहुत चित्ताकर्षक रूप से बना हुआ है। यह सार्वजनिक पार्क घास के कालीन से ढका हुआ है। घने-ऊँचे पेड़ों की छाँव में और खपरैल की कैनोपी के नीचे अच्छा समय गुज़ारा जा सकता है। बच्चों के झूले, खेलने के मैदान और बड़ों के लिए आराम करने को बेंच आदि हैं। यह सुबह 9 बजे से शाम 9 बजे तक खुला रहता है।

यहाँ चलती नावें ऐसे दिख रही थीं जैसे बारिश के पानी में कागज़ की कश्तियाँ। इतने जहाज़ों की जलक्रीड़ा अत्यंत भली लग रही थी। तटीय चट्टानों पर बैठ उन्हें निहारने में बहुत आनंद आ रहा था। यह स्थान बताता था कि एक समय में यह पोतबंध का कार्य अवश्य करता होगा। ग्रेट आइलैंड कॉमन पार्क से देखने पर दूर समुद्र के अंदर एक छोटे-से द्वीप पर एक लाइटहाउस दिखाई दे रहा था। अगले गंतव्य का नाम था- **'नबल लाइट'** जो कि 'केप नैडिल नबल' नामक द्वीप पर

स्थित था। इसे समुद्र तट पर बने 'सोहियर पार्क' से सुविधा से स्पष्ट देखा जा सकता था। इस पार्क में प्रवेश की कोई टिकट नहीं है।

तीन ओर से समुद्र से घिरा 'नबल' प्रायदीप अपने तटीय रेखा पर चट्टानों से भरा है जो इसे और भी सौष्ठव प्रदान करते हैं। इन्हीं चट्टानों के पानी के पार नन्हे द्वीप पर यह लाइटहाउस बना है। इस लाइटहाउस को दुनिया के सर्वश्रेष्ठ दस प्रकाश-स्तम्भों में से एक माना जाता है। इसका एक अलग द्वीप पर होना भी इसकी विशेषताओं को बढ़ाता है। इसे देखने वालों का पूरा साल ताँता लगा रहता है।

यह इस पार्क के शीर्ष बिंदु ‘केप नैडिक प्वाइंट’ से 100 गज से अधिक दूरी पर नहीं है। इसे सुविधा के लिए नबल लाइट कह दिया जाता है। इसके पास तक जाने के लिए कोई पुल नहीं है। अभी तक इसे पार्क की धरती से जोड़ा नहीं गया है। इसके आस-पास स्कूबा-डाइविंग, मछली पकड़ने और पक्षी देखने के लिए भी लोग आते हैं।

इसे 1879 में बनाया गया था। इसकी मूल मीनार लोहे की बनी है और करीब 40 फुट लम्बी है। यह समुद्र सतह से 88 फुट ऊपर से प्रकाश विसर्जित करती है। इसमें से निसृत लाल प्रकाश 13 मील दूर तक किरणें फैलाता है। हर 6 सैकेंड में यह जल-बुझकर नाविकों को राह दिखाती रहती है।

इसके बाद पोर्टलैंड हैडलाइट देखने जाने का विचार था जो दूरी अधिक होने के कारण हमने त्याग दिया। दिन ढलने में अभी समय था तो क्रेन एस्टेट का कैसल हिल देखा जा सकता था।

***   ***   ***

आज श्वेत पर्वत यानि **‘व्हाइट माउंटेन’** देखने का विचार बनाया। यह एक पर्वत शृंखला का नाम है जो न्यू हैम्पशायर स्टेट में फैली हुई है। इसका कुछ हिस्सा पश्चिमी मेन स्टेट में भी पड़ता है। अगर बड़े नक्शे पर देखें तो ये व्हाइट माउंटेन एक बड़ी ‘अप्पलाचिया’ पर्वत शृंखला का एक हिस्सा मात्र हैं। ‘अप्पलाचिया’ पर्वत शृंखला अमेरिका से लेकर कैनेडा तक जाती है। ‘व्हाइट माउंटेन’ इस शृंखला के सबसे अधिक ऊबड़-खाबड़ पहाड़ हैं। इन पहाड़ों पर जंगल और पार्क हैं।

इसी की एक पहाड़ी ‘कैनन माउंटेन’ पर हमें जाना था। घर से 2 घंटे की दूरी तय करने पर इनके नज़दीक पहुँचा जा सकता है। सर्दियों में जब ये पहाड़ श्वेत हिम से आच्छादित हो जाते हैं, तब कैनन पहाड़ी पर स्की कर बर्फ़ पर फिसलने वालों की भीड़ हो जाती है। गर्मियों में ट्रेकिंग का आनंद लेकर जंगल छानने वाले अधिक पाए जाते हैं। इस पहाड़ी की ऊँचाई 4100 फुट है।

रास्ते के मनोहारी दृश्यों को कैमरे में कैद करते हुए हम कैनन पहाड़ तक पहुँचे। हमें सीधा उसके 'एरियल ट्राम-वे' स्टेशन तक पहुँचना था। उसकी 50 डॉलर प्रति व्यक्ति की टिकट ऑनलाइन बुक करवा रखी थीं। ट्राम-वे की अपनी अलग कार पार्किंग बनी हुई थी। हमें यह बात पता नहीं थी। उससे पहले भी रास्ते में कई कार पार्किंग आईं और हम उनमें घुसकर घूमने की जगह तलाशते थे और सोचते थे कि यहाँ से कितना आगे तक पैदल जाना होगा। ट्राम-वे की पार्किंग देख तसल्ली हुई। आराम से कार को वहीं खड़ी किया और सीधा स्टेशन में गए। स्टेशन में ही स्की म्यूज़ियम भी बना हुआ है।

कैनन माउंटेन को पहले प्रोफ़ाइल माउंटेन के नाम से जाना जाता था। इसके अतिरिक्त यह पहाड़ी 'ओल्ड मैन' के लिए भी जानी जाती थी। पहाड़ी के ऊपर यह एक बाहर को झाँकती हुई चट्टान के जैसी थी जिसकी आकृति एक बूढ़े व्यक्ति के चेहरे-सी लगती थी। यह चट्टान वर्ष 2003 में टूटकर गिर गई। कैनन पहाड़ी पर भी तीन छोटे-छोटे शिखर हैं। कैनन पहाड़ी एक बहुत बड़े पार्क 'फ्रैंकोनिया नॉच स्टेट पार्क' के अंदर आती है।

पहाड़ के ऊपर जाने के लिए एरियल ट्राम-वे जिस स्थान तक ले जाती है, वहाँ से 'फ्रेंकोनिया नॉच स्टेट पार्क' के सुहाने दृश्य मिलते हैं। यह तारों पर स्थिर चलने वाली ट्रॉली थी जिसे हम रस्सी-मार्ग या रोप-वे भी कहते हैं। यह समुद्रतल से 1900 फुट की ऊँचाई से शुरु होअकर 4080 फुट की ऊँचाई तक ले जाती है। यह 1938 में स्थापित की गई थी। इस वर्ष यह अपना 85वाँ जन्मदिन मना रही है। शीर्ष तक पहुँचने में इसे आठ मिनट लगते हैं। ये आठ मिनट रोमांच से भरपूर होते हैं। जैसे-जैसे ट्राम ऊपर बढ़ती जाती है। घाटी, झील, पार्क के दृश्य, ट्रेकिंग की ट्रेल आदि स्पष्ट दृष्टिगोचर होने लगते हैं।

यह एक बार में 80 मनुष्यों को लेकर जा सकती है। हम जब ट्रॉली के पास तक आए, यह तैयार ही खड़ी थी तो हम लपक के इसमें सवार हो लिए। ऊपर के स्टेशन से होकर कई ट्रेकिंग मार्ग चिह्नित हैं। किस ट्रेल का पीछा करते हुए कहाँ से जाना है, निशान-तख्तियाँ लगी हुई थीं। हमने जब तक जाने की सोची, बादल घिर आए। पूरा आसमान और पहाड़ी काले-काले बादलों से घिर गया।

ऊपर तेज़ हवाएँ चल रही थीं जो ठंड को और बढ़ा रही थीं। हमें इतनी ठंड की उम्मीद न थी। हम गर्म कपड़े साथ लाए भी थे पर नीचे के मौसम को देखकर कार में

ही छोड़ आए थे। अब गलती का अहसास हुआ। मौसम खराब होने के कारण ट्रेकिंग के लिए भी सारे गेट बंद कर दिए गए थे। ज़रा-सा मौका मिलते ही हम इस छज्जे पर आकर बादलों का लुत्फ़ उठाने लगे। सिक्योरिटी ने जैसे ही हमें देखा, सुरक्षा का हवाला देते हुए हमें हिदायतों के साथ अंदर भेज दिया।

कुछ ही देर में छमाछम बारिश होने लगी। जो लोग ट्रेकिंग के लिए निकल गए थे, वे भी भीगते हुए लौट-लौट के आने लगे। ऊपर एक बड़ा हॉल था जिसमें कैफ़ेटेरिया भी था। हमने फ्रैंच फ्राई ऑर्डर कर उसका स्वाद लिया। उसके बाद जब हमने उनसे कॉफ़ी लेनी चाही तो वहाँ के कर्मचारियों ने दुकान बंद कर दी। तेज़ हवाओं के कारण उन्हें प्रशासन की ओर से ऐसा आदेश दिया गया था। हमने अपने साथ लाए हुए कॉफ़ी मिक्स के सेशे घोलकर कॉफ़ी बनाई और गर्माहट पाकर राहत पाई। बाहर बने इस छज्जे तक भी अब तो सिक्योरिटी वाले जाने न दे रहे थे। हर तरफ़ बस धुएँ की तरह बादल छए हुए थे। मुझे सुमित्रानंदन पंत जी की कविता 'पावस ऋतु है पर्वत प्रदेश' स्मरण हो आई। वही प्रकृति रूप में स्वयं को वहाँ दोहरा रही थी।

किसी साफ़ मौसम के दिन इस जगह से न्यू हैम्पशायर, मेन, वर्मोंट, केनेडा और न्यू यॉर्क के पहाड़ तक दिखाई देते हैं।

एक समय में ट्रॉली में बैठने के लिए ऐसी कुर्सियाँ लगी हुई थीं। ये दृश्य का मज़ा लेने में बाधक बनती थीं और 8 मिनट की राइड में बैठने की इतनी आवश्यकता नहीं है अंत: इन्हें निकाल दिया गया। ये अब ऊपर के स्टेशन पर संग्रहालय की शोभा बढ़ा रही हैं। जब बादल बरस कर हल्के हो गए तो ही उन्होंने मार्ग छोड़ा। वहाँ के कर्मचारियों ने स्टेशन को बंद कर सभी यात्रियों और कामगरों को ट्रॉली में बैठ नीचे पहुँचने का सुझाव दिया। अब तक सभी फँसे हुए ट्रेक-लवर्स भी वापस आ चुके थे। हम सब चुपचाप ट्रॉली में सवार हो नीचे आ गए।

इस आसमानी कोठरी से बाहर का दृश्य स्वर्ग समान प्रतीत होता था। आह्लाद भी बहुत था किंतु ट्रेकिंग पर न जा पाने का अफ़सोस भी था। नीचे स्टेशन पर उतरकर जब हम कार तक पहुँचे तो हमें **'पेमी ट्रेल'** का बोर्ड दिखा। हम इस ट्रेल पर हो लिए।

यह ट्रेल काफ़ी पीछे प्रोफ़ाइल लेक से होकर आती है पर हम आगे की ओर गए जहाँ हम कुछ ही मिनट बाद 'एको लेक' के किनारे-किनारे चलने लगे। यहाँ बाइकर्स भी ट्रेकिंग के लिए आते हैं अत: इस पर अच्छी-खासी सड़क ही बनी हुई थी। दोनों ओर घने पेड़, बाएँ हाथ पर झील और दाएँ पर महामार्ग साथ-साथ चल रहा था।

प्रकृति को बखूबी सुरक्षित रखा गया था। झील के किनारे लकड़ी के फट्टों की बाड़ लगी हुई थी। कहीं-कहीं यह ट्रेक कच्ची गलियों से निकलता था, जहाँ न तारकोल

की लाइन थी न ही बाड़ थी। बड़े-बड़े पत्थर उस स्थान के नैसर्गिक सुषमा की कहानी कहते थे।

इस ट्रेल पर हम 2-3 किलोमीटर आगे तक गए। आगे रास्ता सुनसान-सा लग रहा था तो लौट आना ही उचित लगा। अब थक भी चुके थे। पार्किंग में पहुँचे तो चोटी पर निगाह डाली। अब मौसम एकदम साफ था। प्रकृति की यह चालाकी हमें बहुत बुरी लगी कि जब हम चोटी पर थे, तभी सारे पहरे लगने थे क्या? खैर, पहाड़ों का मज़ा तो ले ही लिया था। बेटी ने फ़्लूम गोर्ज नेचर वॉक हो आने के लिए कहा, जो कि कार से जाने पर 8-9 मिनट ही दूर था। एक और भी जगह बताई 20 मिनट की ड्राइव पर 'लोस्ट रिवर गोर्ज एंड बोल्डर केव्स'। इनकी तसवीरें बहुत सुंदर दिखती थीं पर अब हम थक चुके थे। अब हमने कार स्टार्ट कर गूगल मैप पर घर का नक्शा लगा लिया। रास्ते में एक कैफ़े में चाय-कॉफ़ी की घूँट भरीं और आज के भ्रमण की इति श्री की।

*** *** ***

लगता था कि बोस्टन में क्या ही होगा घूमने के लिए मगर उसके चारों ओर बहुत कुछ दर्शनीय था। अगले दिन **'रोड आइलैंड'** घूमने की योजना बनी। इस द्वीप पर पहुँचने के साथ ही हमें आज 'प्रोविंस नदी', प्रोविंस प्लेस मॉल', 'रोड आइलैंड

स्टेट हाऊस', 'प्रोस्पेक्ट टेरेस व्यू प्वाइंट', 'ब्राउन यूनिवर्सिटी कैम्पस', 'रोजर विलियम पार्क', 'पोमहम रोक्स लाइटहाउस', 'नयात प्वाइंट लाइटहाउस', 'ब्रिस्टल गैरी लाइटहाउस' और 'प्लमबीच लाइट', यह सब देखना तय था।

सबसे पहले **प्रोविंस प्लेस मॉल** ही में गए। गाड़ी खड़ी करने में भी सुविधा हुई। यह एक भव्य मॉल थी। इसकी खिड़की से प्रोविंस नदी का सुहाना सफ़र दिखाई देता था।

इसको खूब घूम लेने के बाद, कार इसी में छोड़ के हम सामने **रोड आइलैंड स्टेट हाऊस और पार्क** में चले गए। इसमें घने वृक्ष गर्मी को कम करने में मदद कर रहे थे। रोड आइलैंड स्टेट हाउस की इमारत बहुत सुंदर थी। यह हमारे आगरा के ताज महल की झलक मारती थी। इसका सफेद संगमरमर से बना होना पर्यटक को बाहर से ही चुंबक की तरह खींच लेने में माहिर था। यह एक ऊँचाई पर बनी है। इसके चारों ओर बड़ा आहाता है और दूर-दूर तक फैला बाग है। खूब सारी कारें खड़ी करने की पार्किंग है। इसकी विशालता व भव्यता देखने की वस्तु है।

यह पुनर्जागरण काल यानि रेनासाँ पीरियड की स्थापत्य कला का उत्कृष्ट नमूना है। इसे बनाने में नौ सालों का समय लगा। इसके बीचोंबीच का बड़ा गुम्बद संगमरमर से बना हुआ और अपनी शक्ति से खड़ा हुआ, दुनिया का चौथा बड़ा गुम्बद है। इसके पहले सेंट पीटर बसिलिका, मिनिसोटा स्टेट कैपिटॉल और ताज महल का नाम आता है।

इस इमारत में राज्य के गवर्नर, लेफ़्टिनेंट गवर्नर, कोषाध्यक्ष आदि का कार्यालय स्थित है। इसी में विधान सभा के कक्ष बने हैं।

भोजन की तलाश में हम ब्राउन यूनिवर्सिटी पहुँच गए। कैम्पस बहुत आलीशान था। हम इसके अंदर न जाकर खाने-पीने की गलियों में घूमे। आज का अगला स्थल था- **'प्रोस्पेक्ट टेरेस व्यू प्वाइंट'**। यह प्रोस्पेक्ट टेरेस पार्क के अगले हिस्से में है। यह पार्क ऊँचाई पर होने के कारण सारे शहर के दर्शन कराता है।

सन् 1863 में इस ज़मीन पर पार्क बनाने की योजना बनी। तिरछी ज़मीन होने के कारण ऊँचाई वाली साइड एक दीवार बनाने का प्रस्ताव आया। इसी ने वास्तव में इस पार्क को टेरेस का स्वरूप दिया।

यह प्रोविंस का एक महत्त्वपूर्ण स्थान है। इसमें हम ब्राउन यूनिवर्सिटी की ओर से घुसे। पार्क के अंदर आने पर यह एक आम पार्क की तरह ही लगा। हमें लगा कि यह हमने किस कारण चुन लिया। आगे छोटे-छोटे फव्वारे मिले तो यह सुहाने लगा। फूलों की सुगंधित क्यारियों को लाँघते हुए हम आगे बढ़ते गए कि अगर बेटी ने यहाँ जाने को कहा है तो अवश्य यहाँ कुछ तो आम से अलग, खास होगा ही। पेड़ों की छाँह भी राहत दे रही थी। कुछ देर यहाँ की बेंच पर बैठ कर सुस्ता भी लिए। चलते-चलते हमें एक मूर्ति दिखाई दी तो उसे पास से देखने पहुँचे और वहाँ से सारा शहर देख दंग रह गए। प्रोस्पेक्ट पार्क के इस बिंदु पर इसके निर्माता रोजर विलियम्स की मूर्ति लगी हुई है। उनकी अंत्येष्टि के बाद प्राप्त अवशेषों को यहीं दबाया गया है।

पार्क में बोर्ड लगे हुए थे जिसमें पार्क की तथा रोजर विलियम्स की बहुत सारी जानकारी दर्ज थी।

इस अति सौंदर्ययुक्त **'पोमहैम' लाइटहाउस** को एक दूरी से देखा। प्रोविंस नदी के बीच में कछुए की पीठ जैसी चट्टान पर उगा हुआ-सा यह लाइटहाउस शाम की लालिमा में बहुत निखर कर आ रहा था। इसे हम एक ऊँचे स्थान से स्पष्ट देख पा रहे थे। वहाँ जाने के लिए नावें भी मिलती हैं जिनसे 10 मिनट में वहाँ पहुँचा जा सकता है। हम अगले लाइटहाउस की ओर बढ़ लिए।

'नयाट प्वाइंट' भी पानी के किनारे पर खड़ा था एक भव्य कोठी के बैकयार्ड में। यह 1856 का बना हुआ है। यह रोड आइलैंड के बैरिंगटन नामक स्थान पर है। अमेरिकी काँग्रेस का ध्यान इसकी आवश्यकता पर 1828 में गया जब वहाँ की संकरी खाड़ी में नाविकों की समस्याओं का अनुमान लगा। ऐतिहासिक होने के पश्चात भी इसकी उपादेयता पर कई सवालिया निशान लगे क्योंकि इसे एक समुचित ऊँचाई पर नहीं बनाया गया था और नाविकों को इसे दिशादर्शन पाने में कठिनाई होती थी।

इसे देखकर प्रतीत हुआ कि बोस्टन को 'सिटी ऑफ़ लाइटहाउस' यानि 'प्रकाश-स्तम्भों का शहर' ही कहना चाहिए। बोस्टन से पहले हमने कभी ऐसे लाइटहाउस न देखे थे और न ही हमारी कल्पना में था कि लाइटहाउस देखने भी जाया जाता होगा। आज की लाइटहाउस यात्रा के हिस्से में 'ब्रिस्टल गैरी' व 'प्लम बीच लाइट' लाइटहाउस भी होना था परंतु हम घर से 80 मील और 2 घंटे दूर थे अंत: वापस हो लिए।

*** *** ***

आज बोस्टन का पाँचवाँ दिन बहुत सारी जगहें देखनी थीं। सुबह सबसे पहले **'बर्लिंगटन मॉल'** देखने के बाद आगे सोमरविले पहुँचकर बेटी के साथ आगे घूमना था। मिडिलसेक्स एवेन्यू की बड़ी-सी बहुमंज़िला पार्किंग में कार खड़ी की। पास ही के MBTA ओरेंज लाइन स्टेशन पर हमें वह मिली तो हमने पहले पेट पूजा की, फिर 'असेम्बली स्क्वैयर', 'असेम्बली रो' और 'असेम्बली वाटरफ्रंट' देखा।

ये सभी देखने लायक जगहें एक सीध में ही थीं। यह पूरा इलाका 'मिस्टीक नदी' के पश्चिमी किनारे पर विकसित किया गया है। यह स्थान ऑफ़िस, रिहायश, खरीदारी, क्रीड़ा, मनोरंजन का एक संगम स्थल है।

इस नए विकसित कॉम्प्लेक्स में **'असेम्बली स्क्वैयर'**, 'असेम्बली रो' और 'असेम्बली वाटरफ्रंट' देखा। सड़क के डिवाइडर पर फूलों की बहार दिल खुश करती है तो बीच के गोल घेरे में बना लाल मोनुमेंट। एक कोने पर 'लेगोलैंड डिस्कवरी सैंटर' के सामने पैदल मार्ग पर खड़ा 25-30 फुट ऊँचा जिराफ़ सबको अपनी ओर बरबस खींच लेता है। पार्क में खेलते और भागते-दौड़ते बच्चे माहौल को खुशनुमा बनाते हैं।

‘असेम्बली रो’ को ऐसा निर्माणाधीन लुक दिया गया है जिसके लिए वाटरफ़्रंट के प्रवेश स्थान पर लोहे के तीन बड़े दरवाज़े ऐसे दिखते हैं जैसे प्राचीन सभ्यता और लौह-युग में भटकने के प्रवेश द्वार हों। यहीं से असेम्बली रो एम्फ़ीथियेटर की सीढ़ियाँ भी शुरु होती हैं। एम्फ़ीथियेटर पार कर मिस्टीक नदी के किनारे पार्क में टहल कर अच्छा लगता है।

नदी किनारे बसे इस पार्क को ‘सिलवेस्टर बेक्सटर रिवरफ़्रंट पार्क’ असेम्बली का नाम दिया गया है। नदी किनारे पार्क होने से जल-गतिविधियों का भी पूरा आनंद

यहाँ आता है। असेम्बली नाम का यह पूरा क्षेत्र नया ही बसाया गया है। इससे पहले यहाँ 'फ़ोर्ड' कम्पनी का मोटर असेम्बली प्लांट था जो बहुत समय से बंद पड़ा था। उस वीराने को जीवंतता में बदलने का श्रेय कोपले वोल्फ़ डिज़ाइन ग्रुप को जाता है।

यहाँ से 25 मिनट की ड्राइव कर के और चार्ल्स नदी को पार कर हमने कार लगाई और **'बोस्टन पब्लिक गार्डन'** में गए। इसे स्वान गार्डन भी कहते हैं। इस पार्क में एक झील है जो स्वान लेक के नाम से मशहूर है। असली हंसों के साथ ही इसमें स्वान बोट भी तैरा करती हैं। झील का पानी साफ़ और ताज़गी देने वाला था।

झील के बीच में 'डक आइलैंड' नाम का एक नन्हा द्वीप भी है। झील के ऊपर से

पैदल पार करने के लिए पुल बना हुआ है। झील का और पार्क का मनोहारी दृश्य इस पुल से मिलता है। बोस्टन जैसे शहर में इतने पार्क हैरान कर देने वाले हैं।

तेज़ धूप का समय यहाँ व्यतीत कर के हम **'बोस्टन कॉमन'** पहुँचे जो यहाँ का बहुत पोपुलर और भीड़-भाड़ वाला स्थान है। यह एक ऐसा अलबेला स्थान है जिसके चारों ओर 16 दर्शनीय इमारतें और मोनुमेंट आदि हैं। 'बोस्टन कॉमन' वास्तव में एक पार्क है जिसके नीचे भूमिगत कई तल की कार पार्किंग बनी हुई है। इसे देखकर दिल्ली का पालिका गार्डन याद आया। वहाँ भूमिगत पार्किंग के अतिरिक्त पालिका बाज़ार भी है और भूमितल पर गार्डन बना हुआ है। यहाँ कार पार्किंग ही थी जो कि खचाखच भरी हुई थी। सड़क पर बहुत ढूँढने पर ही पार्किंग नसीब हुई। फिर हम बोस्टन कॉमन की पार्किंग से दाखिल होकर लिफ़्ट की सहायता से पार्क में निकले। पार्क का मुआयना करते हुए हम फ्रीडम ट्रेल के आरंभिक बिंदु पर आ गए।

'द फ्रीडम ट्रेल' नाम से ढाई मील का एक ऐसा मार्ग चिह्नित है जिस पर 16 ऐतिहासिक स्थल और राष्ट्रीय महत्त्व की इमारतें स्थित हैं। ये सभी अमेरिका के ऐतिहासिक कोष का हिस्सा हैं और बहुत श्रम से संरक्षित की गई हैं। इसके कारण बोस्टन अन्य सभी शहरों में अपनी एक अलग पहचान बनाता है। चित्र में दिखाए विशिष्ट चिह्न और इससे निकलती हुई लौह-पट्टी का अनुसरण करते हुए सभी 16 ऐतिहासिक स्थान देखे जा सकते हैं। ये सभी स्थान जनता और पर्यटकों

के दर्शन के लिए निशुल्क हैं।

इन 16 स्थानों में शामिल हैं-

1. बोस्टन कॉमन
2. मैसाचुसेट्स स्टेट हाउस
3. पार्क स्ट्रीट चर्च
4. ग्रेनरी बरींग ग्राउंड
5. किंग्स चेपल बरींग ग्राउंड
6. बोस्टन लेटिन स्कूल तथा बेंजामिन फ़्रेंकलिन की मूर्ति
7. ओल्ड कॉर्नर बुकस्टोर
8. ओल्ड साऊथ मीटिंग हाउस
9. ओल्ड स्टेट हाउस
10. बोस्टन नरसंहार (मसाकर) साइट
11. फ़ेनेल हॉल
12. पॉल रेवेरे हाउस
13. ओल्ड नॉर्थ चर्च
14. कॉप्स हिल बरींग ग्राउंड
15. यू.एस.एस. कॉन्सटीट्यूशन
16. बंकर हिल मोनुमेंट

1951 में पत्रकार विलियम स्कॉफ़ील्ड ने इस ट्रेल को बनाने के बारे में विचार किया ताकि महत्त्वपूर्ण प्रतिष्ठित स्मारकों को जोड़ा जा सके। इसे 1953 में जॉन हाइंस द्वारा तैयार किया गया। हमने ट्रेल के अनुसार ही रास्ता शुरु किया फिर बीच में फ़ैरी लेकर दूसरी ओर गए।

बोस्टन कॉमन पार्क में कई स्थानों पर स्कल्पचर लगे हुए थे पर इस ऐतिहासिक कलाकृति को देख पाँव ठिठक गए। इसे 'द एम्ब्रेस' कहते हैं। है ही यह गले मिलने का प्रतीक जो मार्टिन लूथर किंग और उनकी पत्नी की गलबैंया को दर्शाता है। इस युगल जोड़ी की इस मुद्रा वाली तस्वीर ने नोबल प्राइज़ जीता, उसके बाद इस कृति का निर्माण हुआ। दूसरी तरफ़ से देखने पर इस मिलन से किसी कोण से एक हृदय और अन्य कोण से दो हृदयों की आकृति उभरती है। यह कलाकृति मात्र प्रेम को ही नहीं प्रस्तुत करती, बल्कि अश्वेतों के प्रेम की ताकत की परिचायक है। इसे बोस्टन की लिबर्टी स्टेच्यू भी कहते हैं। इससे बोस्टन निवासी खुशी व गर्व महसूस करते हैं।

आगे हमारे कदम रोके 'रोबर्ट गुड शॉ' की उभरी हुई अर्धप्रतिमाओं ने। इसमें चित्रित घटना अमेरिकन विद्रोह की पहली अश्वेत रेजिमेंट को प्रदर्शित करता है। कलाकार को 14 वर्ष इसे बनाने में लगे। काँसे का बना हुआ यह स्मारक मैसाचुसेट्स के त्याग और साहस का प्रतीक है। इसमें अश्वेतों की 54वीं रेजिमेंट बीकन स्ट्रीट पर मार्च करती हुई दिखाई गई है।

बोस्टन कॉमन पार्क की सीमा से निकलते ही 'मैसाचुसेट्स स्टेट हाउस' दिखा। यह फ्रीडम ट्रेल का दूसरा प्वाइंट है। इसे न्यू स्टेट हाउस भी कहते हैं। इसमें आम न्यायालय लगता है और मैसाचुसेट्स गर्वनर का कार्यालय भी है। इसका निर्माण 1798 में हुआ था। अमेरिका में यह सबसे पुरानी स्टेट कैपिटॉल है जो अभी भी इस्तेमाल हो रही है। इसका क्षेत्रफल 6 एकड़ से भी अधिक का है। बोस्टन की बीकन हिल की ऊँचाई पर यह बनी है। इसके बीच का गुम्बद लकड़ी का बना हुआ

था। बाद में उसे ताँबे का आवारण दिया गया। इससे यह दूर तक अपनी चमक बिखेरता है।

यह ओल्ड साऊथ मीटिंग हाउस है। कोलोनियल बोस्टन के समय यही सबसे बड़ी इमारत हुआ करती थी। सभी महत्त्वपूर्ण घटनाएँ इसमें अपने अंजाम को पाती थीं। यह 1729 की बनी हुई है। इसे ऐतिहासिक संरक्षण परियोजना के तहत संग्रहालय में परिवर्तित किया गया है। यह ब्रितानी क्रिया-कलापों के प्रति विद्रोह की भी साक्षी रही है। विवादित चाय-कर का विरोध करने के लिए 1773 में यहाँ 5000 लोग इकट्ठे हो गए थे। जब कोई हल न निकला तब सैमुअल एडम के इशारे पर चाय के 342 बक्सों को हार्बर में फेंक कर अपना विरोध दर्ज कराया। इस घटना को ही 'बोस्टन टी पार्टी' के नाम से जाना जाता है। 1872 में इसे कबाड़ की तरह बेच दिया गया था और इसे गिराने के आदेश जारी हो गए थे। तब 20 स्त्रियों ने इसे गिराने से रोकने को मजबूर कर दिया था। तब 1877 में इसमें संग्रहालय बनाया गया।

किंग्स चैपल यानि कि राजकीय पूजाघर भी इसी ट्रेल के बीच है। इसी के पीछे राजसी दफ़नाने का स्थान भी है। यह 18वीं शताब्दी का बना हुआ है। इसकी गिनती राष्ट्रीय ऐतिहासिक भवनों में होती है।

यह संगमरमर का बना हुआ है। इसके बदामी रंग के खम्भे दूर से ही इसकी पहचान कराते हैं। इसका निर्माण 1749 में आरंभ हुआ था। इससे पहले यहाँ लकड़ी का बना हुआ गिरजाघर था। पत्थर की इस इमारत को लकड़ी वाले गिरजाघर के चारों ओर ही बना दिया गया था। बाद में लकड़ी के चर्च को खोलकर बीच में से हटा दिया गया। यह भी आश्चर्य की बात है कि इसके पीछे ही बना हुआ हमनाम बरींग ग्राउंड इससे किसी रूप में सम्बद्ध नहीं है।

बोस्टन की प्रत्येक ऐतिहासिक घटना पर स्मारक बने हुए मिल जाएँगे। यह स्मारक आयरलैंड का क्षुधा मैमेरियल **'आयरिश हंगर मैमोरियल'** है। यह वाशिंगटन स्ट्रीट और स्कूल स्ट्रीट के बीच में एक प्लाजा में बना हुआ है। यह एक कोने में बना हुआ छोटा-सा पार्क है जिसमें सड़क की ओर ये दो प्रतिमाओं के झुंड वाले स्मारक

एक-दूसरे के पास लगे हुए हैं। इसमें दो तरह के स्मारक हैं। पहले में एक आयरिश परिवार 1845 से 1853 के अकाल के कारण भूख से बेहाल दिख रहा है और फटे-चिथड़ों में है। दूसरे में एक प्रवासी सम्पन्न परिवार दिख रहा है। यह एक विडम्बना तथा विरोधाभास पैदा करता है।

1847 में सैंतीस हज़ार आयरिश शरणार्थी बोस्टन में आए। ये सभी बहुत हताश थे और मृत्यु की कगार पर थे। सभी बीमार थे और उनके खाने के लाले पड़े हुए थे। उनके यहाँ आने से पहले अमेरिकावासी उनके खाने के लिए बहुत सी सामग्री, पैसे व अन्य सहायताएँ आयरलैंड भिजवा रहे थे लेकिन वे उन्हें यहाँ लाकर बसाने के लिए राज़ी न थे। अमेरिका की उदासीनता के चलते आयरिश लोग बोस्टन के तटीय इलाकों में तहखानों आदि में रहने लगे। उनके बच्चों की स्थिति ऐसे थी कि किसी भी क्षण वे काल के गाल में समा जाएँगे या कि वे मरने को ही पैदा हुए हैं। यह बहुत हृदय विदारक स्थिति थी।

साक्षात मौत से बचने के लिए लगभग 20 करोड़ आयरिशों ने अपने देश से पलायन किया था। वहाँ जानवरों की भूख का यह आलम था कि बहुत-से लोगों ने समुद्र में कूदकर स्वयं को उनका आहार बनने से बचाया। जो भागकर बचकर निकल सके, भागे। किसी भी प्रकार के ड्रमनुमा बर्तन में सवार होकर वे स्वयं को समुद्र में छोड़

देते थे। समुद्र के सामने इनकी क्या हस्ती थी। ऐसे बर्तन कॉफ़िन-शिप कहलाते थे। ये अपने इस सफ़र में कहीं पहुँच ही न सके। ऐसी बहुत-सी दास्तानें आयरिश कविताओं में भी दर्ज हैं।

इस स्मारक का एक शॉपिंग प्लाज़ा में लगा होना भी विरोध पैदा करता है। यह स्मारक आशंकित शरणार्थियों के आशावान भविष्य और बदहाली से विमुक्तिकरण की ओर संकेत करता है। इस स्मारक का अनावरण 1998 में हुआ तब इसके प्रति मिली-जुली प्रतिक्रियाएँ सामने आईं। इसका बहुत उपहास भी किया गया और इस तरह की सोच को दर्शाने की भर्त्सना भी की गई। इसको बनाते समय इसे 'फेनेल हॉल' में लगाने का विचार था। इसके बाद इसे यहाँ लगाने का फैसला किया गया। आयरिश-अमेरिकन समुदाय को इसमें कोई क्षति नहीं लगी अत: उन्होंने इसके व्यय में वित्तीय सहायता भी की।

यह **'क्विंसी मार्केट सैंट्रल हॉल'** है जो एक बार फिर गाय परेड की याद दिला गया। यह मार्केट फ़ेनेल हॉल मार्केट प्लेस में ही पड़ती है। इसका नामकरण शहर के मेयर जोसियाह क्विंसी के कारण हुआ है। यह घरेलु सामान की खुदरा मंडी की तरह है। इसमें खाने के जंक्शन और रेस्त्राँ भी हैं। इसका आलय दो-मंज़िला भवन में बना हुआ है। सामने की ओर से रोमन स्थापत्य में तथा अंदरूनी तौर पर लाल पत्थर के इस्तेमाल से इसे बनाया गया है। फ़ेनेल हॉल के अंदर ही टूरिस्ट विज़िटर सेंटर भी है।

फ़ेनेल हॉल की गहमागहमी से निकल आगे चलने पर यह जीवंत मूर्ति यहाँ के भाग-दौड़ भरे जीवन का हिस्सा ही लगी। यह मेयर केविन व्हाइट की मूर्ति है। काँसे की बनी यह प्रतिमा फ़ेनेल हॉल क्षेत्र में स्थापित है। इसे 2006 में इस क्षेत्र में शामिल किया गया था। केविन व्हाइट बहुत लम्बे समय तक मेयर के पद पर आसीन रहे थे। वे इस तटीय क्षेत्र के उद्धार के लिए जाने जाते हैं। यहाँ के वित्तीय क्षेत्र की कायापलट करने का श्रेय उन्हें ही जाता है। क्विंसी मार्केट को एक दर्शनीय स्थल बनाने में भी उनकी बड़ी भूमिका रही है।

यहाँ से आगे जाकर रास्ते में **'क्रिस्टोफ़र कोलम्बस पार्क'** बिन माँगी मुराद के रूप में सामने आया। पार्क के बीच से निकलकर हमें दूसरी ओर जाना था।

'कोलम्बस पार्क ट्रेलिस' की निर्मिति ने आकृष्ट किया और रुककर कुछ चित्र निकालने के लिए रोक लिया।

मैसाचुसेट्स खाड़ी के किनारे बंदरगाह के पास होने की वजह से इस पार्क में काफ़ी आवाजाही थी। लगभग सभी बेंचों पर लोग विश्राम कर रहे थे और हरियाली से उत्पन्न ठंडक से आँखें सेंक रहे थे।

यहाँ से हम 'बोस्टन हार्बर आइलैंड्स नेशनल एंड स्टेट पार्क फ़ैरी सेंटर' तक गए। फ़ैरी लेकर हमें **'कोंस्टेलेशन व्हार्फ़ कोंडोस'** तक जाना था और यू.एस.एस. कोन्स्टीट्यूशन म्यूज़ियम देखना था। ऐसा हम एक पुल से जाकर भी कर सकते थे किंतु बेटी का मानना था कि फ़ैरी से बोस्टन की स्काईलाइन भी दिखाई देगी। करीब आधा घंटा इंतज़ार करना पड़ा तो हम फ़ैरी में सवार हुए।

चलती नौका में पानी के बीच ठंडी हवा ने पुन: ऊर्जा का संचार कर दिया। बहुत भीड़-भाड़ नहीं थी। काम कर घर लौटने वालों की भीड़ न थी, सैर-सपाटे को निकले पर्यटक ही नौका विहार के लिए उस पार जा रहे थे जो संभवत: वहाँ उतरे बिना ही वापस लौट आने वाले हों।

वास्तव में धरती की ऊँचाइयों वाली आकाशीय रेखा बहुत सुंदर थी। शाम का समय था। हवा में ठंडक घुलने लगी थी। इस नौका-विहार ने थके हुए पैरों को विश्राम का मौका दिया और आँखों को नज़ारों का लाभ भी दिया। नौका के इस रूट को एफ़4 बोस्टन चार्ल्सटाउन कहते हैं। फ़ैरी से उतरते ही सामने 'चार्ल्सटाउन नेवल शिपयार्ड पार्क' था। उसे पार कर के यू.एस.एस. कोन्स्टीट्यूशन तक जाना था।

इन अद्भुत आकृतियों ने मन मोह लिया। एक में हवाओं के प्रभाव को दर्शाया गया है तो दूसरी में त्वचा की विभिन्नताओं में शारीरिक समरूपता को दर्शाया गया है। ऐसे 1-2 नहीं कई स्कल्पचर वहाँ लगे हुए थे। सभी की तस्वीर लेना संभव नहीं हो सका। हम भागे-भागे जा रहे थे कि कहीं यू.एस.एस. कोन्स्टीट्यूशन बंद न हो जाए। और, जिसका डर था वही हुआ भी। अब इसे देखने का काम कल पर टल गया।

इसके बाद हमसे मिलने आए रिश्तेदारों से मिलने जाना था। हमारे पास समय था और थकान भी दूर हो चुकी थी तो हमने पैदल पुल पार करते हुए पुन: फ्रीडम ट्रेल पर आ जाने का फैसला किया। रास्ते में 'नॉर्थ वाशिंगटन स्ट्रीट ब्रिज' पड़ा। अगर हम फैरी न लेते तो इससे ही गए होते उस पार। इस पुल पर से सामने बड़ा-सा झूला ब्रिज दिख रहा था। यह 'लियोनार्ड पी. ज़ाकिम बंकर हिल मैमोरियल ब्रिज' कहलाता है। आज का दिन रिश्तेदारों से मिलने के बाद समाप्त हुआ।

***   ***   ***

बोस्टन का छठा दिन और शाम की वापसी की उड़ान की तैयारी परंतु दो-तीन जगहें शेष थीं सो आज निपटानी थीं। आज सीधा निकल पड़े यू.एस.एस. कॉन्स्ट्यीट्यूशन देखने जो कि बहुत ही आवश्यक था।

पास ही एक पार्किंग में कार लगाई। अमेरिका में कार लगाने में बड़ी सावधानी बरतनी पड़ती है। हर खाली पार्किंग वास्तव में खाली नहीं होती। वहाँ बहुत-सी मुश्किलें खड़ी रहती हैं हरदम। किसी भी पार्किंग पर यह टेम्परेरी बोर्ड लगाकर पर्मानेंट बंद कर दिया जाता है। कार किसी 'फायर हाइड्रेंट' के सामने खड़ी नहीं कर सकते, चाहे पार्किंग खाली ही हो। वहाँ तगड़ा जुर्माना लगता है।

सो, बहुत देखभाल कर कार पार्किंग में जमाई। सबसे पहले यू.एस.एस. कॉन्स्ट्यीट्यूशन म्यूज़ियम देखने गए। म्यूज़ियम के अंदर और बाहर भी बहुत-सी जानकारी बिखरी पड़ी थी।

यू.एस.एस. कॉन्स्ट्यीट्यूशन को 21 अक्तूबर 1797 को बोस्टन हार्बर पर पहली बार सफलता से लाया जा सका। इससे पहले भी दो बार प्रयास किए जा चुके थे। इस सफलता पर जॉर्ज वाशिंगटन ने इसे सबसे भाग्याशाली जहाज का नाम दिया। 1812 के युद्ध में इसे 'ओल्ड आयरन साइड्स' का नाम दिया गया क्योंकि तोप के गोले इसकी साइड्स से आ टकराए थे। म्यूज़ियम के अंदर इसके निर्माण की सभी जानकारी के साथ ही प्रयोग की ऐतिहासिक जानकारी भी थी। इसका लेगो का बना हुआ मॉडल भी था।

यू.एस.एस. कॉन्स्ट्यीट्यूशन के अलावा और भी बहुत से युद्धपोत तट पर खड़े थे। कुछ में जाने की आज्ञा थी कुछ में नहीं थी। जिस-जिस में जा सकते थे, वे सभी अंदर से देखकर नौसैनिकों के जीवन को समझने की चेष्टा की। जहाज़ों के डैक पर दूरबीन भी लगी थी जिससे दुश्मन पर निगाह रखी जाती होगी।

यू.एस.एस. कॉन्स्ट्यीट्यूशन के पास ही उसके व संग्रहालय के बीच वह खाड़ी 'लॉन्चिंग बे' का भी मुआयना किया जहाँ से नए जहाज़ों को पहली बार पानी में उतारा जाता है। यह किस तरह एक बाँध की तरह काम करती है और जहाज़ को पाने में स्थिर उतार देती है, यह समझकर अच्छा लगा। यू.एस.एस. कॉन्स्ट्यीट्यूशन को भी यहीं से पहली बार पानी में चलना सिखाया गया था।

यू.एस.एस. कॉन्स्ट्यीट्यूशन के लिए लम्बी लाइन लगी थी। जब तक हम अन्य जहाज़ देखकर लौटे, लाइन कुछ कम न हुई। बहुत-से स्कूली बच्चे भी अपने शिक्षकों के साथ इसे देखने शैक्षणिक भ्रमण पर आए हुए थे। लाइन में तो लगना ही था। कुछ देर में नम्बर भी आ गया।

यू.एस.एस. कॉन्स्ट्यीट्यूशन यूनाइटेड स्टेट्स की नौसेना का पहला युद्धपोत है। वर्ष 1794 से बहुत से बढ़ई, रस्सी कारीगर, लुहार आदि इसके पाल और यार्ड बनाने के काम में जुटे थे ताकि इसे खींचकर पानी में उतारा जा सके। यह जहाज़ 1797 से लगभग 200 साल तक नौसेना का हिस्सा रहा है। यही इसकी खूबी इसे देखने योग्य बनाती है। जहाज़ के बाहर ही इसके वृहदकाय लंगर प्रदर्शित किए गए थे।

अंदर तोपों की पूरी सेना तैनात थी। सबके मुँह जहाज़ में बनी खिड़कियों से बाहर झाँक रहे थे। आग उगलने वाली यू.एस.एस. कॉन्स्ट्यीट्यूशन की ये तोपें दुश्मन को निकट जानकर खतरनाक ड्रैगन की तरह क्रोधित हो जाती थीं। नाविक और सैनिक इनके धुएँ से भरे मुँह में गोले, तोप-मसाला और कीलें डालते थे। ये मोटी-मोटी

रस्सियों से बँधी रहती थीं (आज भी हैं) किंतु फिर भी हमला करते हुए ये ज़ोर का झटका देती थीं। लगातार आग उगलने से ये स्वयं बेहद गर्म हो जाती थीं और इन्हें सँभालना पलटन के लिए कठिन हो जाता था। युद्ध के समय गन डैक पर काम करना सैनिक के लिए सबसे कठिन पल होते हैं। हर समय उन्हें धुएँ, शोर, उड़ते हुए बारूद और मौत से जूझना होता है।

यू.एस.एस. कॉन्स्ट्यीट्यूशन पर 52 ऐसी भारी व मजबूत तोपें लगी हुई हैं। स्वयं में बहुत शक्तिशाली होते हुए भी इनकी शक्ति का इस्तेमाल करने वाले चालकों के बिना ये बस लोहे का ढेर मात्र हैं। इनको सही चलाने के लिए बटालियन को लगातार अभ्यास में रहना होता है। प्रतिदिन इतना अभ्यास कि वे इसे आँख पर पट्टी बाँधकर भी इन्हें चला सकें। इसे चलाने के लिए बाज़ के जैसी एकाग्रता चाहिए होती है। यह चलाने वाले को भी उतनी ही हानि पहुँचा सकती है जितनी कि शत्रु को। यह जलता हुआ आग का गोला तीन टन वज़न का होता है। इसमें से निकला एक शोला भी उल्टी दिशा पकड़ ले तो पूरी जहाज़ को तबाह कर सकता है।

नौसैनिकों के जीवन में झाँकने की इससे बेहतर तरकीब नहीं हो सकती। जहाज़ चालक का केबिन सुविधा से युक्त होता है ताकि उसे सभी वस्तुएँ अपने आस-पास ही उपलब्ध हो जाएँ। वही जहाज़ का मार्ग निश्चित करता है। उसके द्वारा लिए गए फैसले पर युद्ध का निर्णय निर्भर करता है। उसका एक मोड़ युद्ध की दिशा को पक्ष और विपक्ष में मोड़ सकता है। हार-जीत जहाज़ के चालक की समझदारी और कौशल पर निर्भर करती है। उसके ऊपर ही समस्त नौसैन्य दल के 400 सदस्यों के जीवन और देश की आन का भार होता है।

यात्रा के दौरान रात में सेना के अन्य जवान स्लीपिंग बैग में सोते हैं जो कई बार तो छड़ों पर लटके हुए झूले से अधिक नहीं होते। कभी भी सब एक साथ सोने नहीं

जाते। पूरी पलटन दो समूह में बँटी रहती है। एक निगरानी की काम करती है तो दूसरी आराम कर लेती है। फिर वे पारी बदल लेते हैं। 12 से अधिक घंटों की ड्यूटी के बाद वे घोड़े बेचकर ऐसी बंद जगहों में भी सो जाते हैं।

यू.एस.एस. कॉन्स्ट्यीट्यूशन से अमेरिका की युद्धकाल रणनीतियों के बारे में भी जाना। जिस समय अन्य देशों के पास संसाधनों की कमी थी, अमेरिका में आधुनिक युद्ध उपकरण और युद्ध वाहन मौजूद थे जिस पर अमेरिका गर्व करता है और वे भी अमेरिका का गौरव बढ़ाते हैं। इसी कारण दुनिया भर से पर्यटक इन्हें देखने के लिए आते हैं।

ज्ञान से मस्तिष्क को भर फिर खाली पेट को भरने का प्रबंध ढूँढा। अभी हमें विश्वप्रसिद्ध दो विश्वविद्यालय 'हार्वर्ड यूनिवर्सिटी' और **'मैसाचुइसेट्स इंस्टीट्यूट ऑफ़ टैक्नोलॉजी'** देखना था। वहीं कुछ खाने का निश्चय किया। ये दोनों इतने विशाल हैं कि घूमने वाले उनमें खो जाएँ। कहाँ शुरु और कहाँ खत्म, पता लगाना मुश्किल था। अब तक बहुत-से विश्वविद्यालय देख चुके थे तो यहाँ अधिक समय नहीं व्यतीत किया।

एम.आई.टी. कैम्पस में घूमकर दोपहर-भोज का प्रबंध किया। कुछेक तसवीरें उतारीं। इस विश्वविद्यालय के नाम की पूरे विश्व में धूम है। इसकी स्थापना 1861 में हुई थी।

यह यूनिवर्सिटी डेढ़ किलोमीटर तक फैली हुई है। तकनीकी विज्ञान और अनुप्रयोगात्मक विज्ञान अभियांत्रिकी के क्षेत्र में इसका बहुत बड़ा नाम है।

मैसाचुसेट्स एवेन्यू के लॉन में खड़े इस अनोखे स्कल्पचर ने आगे बढ़ते कदमों को थाम लिया। इंस्टीट्यूट की 150वीं सालगिरह पर इसे यहाँ लगाया गया था। इसकी ऊँचाई 5 मीटर है। इसमें मनुष्य की आकृति को एक अनूठे रूप में उकेरा गया है जो उकड़ूँ बैठा हुआ है अपने घुटनों को हाथों की सहायता से बाँधे हुए। मानव को एक प्रकार से अक्षरों और अंको का समग्र बताया गया है।

हार्वार्ड के कैम्पस के बाहर यह ओल्ड कैम्ब्रिज, बेप्टिस्ट चर्च भी आधुनिकता में पुरातन का संगम जैसा प्रतीत हुआ। इन सभी चित्रों व वृत्तातों के साथ आप सबको इस दुनिया में घूमने का आमंत्रण है।

चलते-चलते एक बात और- हमने इस ट्रिप से पूर्व कभी एयर बीएनबी द्वारा बुकिंग नहीं की थी तो मन बहुत आशंकित था। हमारी सारी आशंका मिथ्या साबित हुई। हम कुल 4 अलग-अलग एयर बीएनबी वाले घरों में रहे। दो कमरे, रसोईघर, स्नानघर और कही-कहीं पर एक स्वागत हॉल थे जिनमें हम चार वयस्क बहुत सुविधा से निवास कर सके। रसोई में बुनियादी ज़रूरतों की सामग्री भी मौजूद रहती थी जिसका सबसे बड़ा लाभ तो यह था कि सुबह-सुबह सबके नहा-धोकर तैयार

होने के समय में ही रसोई बन जाती। अपना भारतीय भोज कोई सब्ज़ी-पराँठा या भरवाँ पराँठों का नाश्ता करते हुए उस दिन का रूट भी तय हो जाता। घर से पेट भर के निकलते तो सारा दिन घूमने की ऊर्जा रहती और उत्साह बना रहता। खाने का सूखा सामान हमारे साथ हमारी कार में एक शहर से दूसरे शहर चलता जो हमारे बहुत काम आया और प्रतिदिन के लिए सब्ज़ी-भाजी हम पहले दिन का टूर समाप्त कर आवास पर आते हुए लेकर आते थे। हम शाकाहारियों के लिए यह होटल से अधिक आरामदायक इस कारण भी रहा कि अपने स्वाद के अनुसार तीन में से एक या दो बार पका लेते थे। किसी-किसी आवास में कपड़े धोने की मशीन भी उपलब्ध थी तो उससे बहुत राहत हुई परंतु यह आवश्यक नहीं कि हर घर में मिले ही।

जब हम उस आवास में प्रवेश करते हैं तो वह हमें जिस रूप में मिलता है, उसी में छोड़कर जाना उसकी पहली शर्त होती है। इसका हमने पूरा-पूरा ध्यान रखा। हम चार और चारों ही कामकाजी थे तो खाना खाकर बर्तन डिशवाशर में लगाकर साफ़ करना हो या हाथ से धोकर उन्हें स्वच्छ बनाना हो, हम यह काम प्रतिदिन करते। कूड़ेदान में से कूड़ा बाहर रखे म्यूनिसिपैलिटी के बड़े कचरेदान में डालना होता था जो हम नियमित रूप से करते थे। घूमने जाते समय जैसे कि हम अपने घर में किया करते हैं, बिजली के सारे उपकरण बंद कर के ही निकलते थे। पार्किंग में कार इस तरह ही लगाते थे कि अन्य किरायेदार या मकान मालिक को अपनी कार निकालने या लगाने में कोई बाधा या असुविधा न हो।

प्रत्येक आवास के पृथक नियम-कानूनों की एक सूची आरक्षित करवाते हुए ही मिलती थी, उसे ध्यान से पढ़कर अमल करना हितकारी होता है। कहीं शोर न करने के लिए कहा गया था तो कहीं समय से आने-जाने के लिए। कहीं मकान मालिक भी एक हिस्से में रहते थे तो कहीं यह बिल्कुल दूर था, परंतु सारे ही बहुत सहयोगी स्वभाव वाले मालिक मिले। जिन आवासों में हम ठहरे उनके मालिक, अमेरिकी स्वेत, अश्वेत, अरबी तथा अन्य राष्ट्रीयता वाले भाँति-भाँति के अनुभव देने वाले रहे।

बहुत-सारी नई-नई जानकारियाँ दिमाग में, यादें हृदय में और भावनाएँ मन में लिए हम अमेरिका से अपने निवास दुबई लौट आए।

कृतिकार परिचय

डॉ. आरती 'लोकेश' गोयल

जन्मतिथि	:	1 जून, 1970
जन्मस्थान	:	गाज़ियाबाद, उत्तर प्रदेश
माता-पिता	:	श्रीमती शारदा रानी, श्री महेन्द्र कुमार गुप्ता
शिक्षा	:	बी.ए., बी.एड., एम.ए.(अंग्रेज़ी), एम.ए.(हिन्दी), पी.एच.डी.(हिन्दी)
विशेष उपलब्धियाँ	:	यू.ए.ई. सरकार द्वारा **'ऑथर' गोल्डन वीसा** (10 वर्ष के लिए, 2034 तक वैध) अंगेज़ी स्नातकोत्तर में कॉलेज में **द्वितीय** स्थान, हिन्दी स्नातकोत्तर में विश्वविद्यालय **स्वर्ण पदक**
अभिरुचियाँ	:	अध्ययन, अध्यापन, लेखन, संगीत, चित्र कला, भ्रमण

सम्प्रति :

- अध्यक्ष, पाठ्यक्रम निर्माण (हैड ऑफ़ करिकुलम), वुडलेम पार्क स्कूल, दुबई, यू.ए.ई.
- एड्जंक्ट फैकल्टी, बनस्थली विद्यापीठ, राजस्थान

- संस्थापक अध्यक्ष, वागीश अंतरराष्ट्रीय संस्था, यू.ए.ई.
- मार्गदर्शिका, अनुशीलन समूह, यू.ए.ई. एवम् अथक चेष्टा ट्रस्ट यूनिवर्सल
- विदेश सचिव, निर्मला स्मृति साहित्यिक समिति
- सम्पादक 'अनन्य यू.ए.ई' भारतीय कौंसलावास न्यू यॉर्क, यू.एस.ए.
- संपादक, वैश्विक हिंदी संस्थान एवं श्री रामचरित भवन, ह्यूस्टन, यू.एस.ए.
- मार्गदर्शक, 'भोर' अंतरराष्ट्रीय पत्रिका
- क्षेत्रीय संपादक, इंडियन जर्नल ऑफ़ सोशल कंसर्न्स
- पूर्व उप-संपादक, सामयिक परिवेश, अंतर्राष्ट्रीय अध्याय
- प्रतिनिधि संवाददाता यूएई, प्रणाम पर्यटन
- निदेशक विश्वरंग यू.ए.ई. महोत्सव, टैगोर यूनिवर्सिटी
- समन्वयक यूएई हिन्दी दिवस 2021, विश्व हिन्दी सचिवालय, मॉरीशस
- महासचिव, अंतरराष्ट्रीय काव्य प्रेमी मंच यू.ए.ई. शाखा
- एन.एल.पी. आधारित प्रशिक्षण संस्था 'ओनली सक्सैस' की प्रमाणित प्रशिक्षिका, लाइसैंस नं. OS7Z-0055

प्रकाशित पुस्तकें :

1. उपन्यास: 'रोशनी का पहरा'(2015), द्वितीय संस्करण (2022)
2. उपन्यास: 'कारागार'(2018), द्वितीय संस्करण (2022)
3. उपन्यास: 'निर्जल सरसिज' (2022)
4. उपन्यास: 'ऋतम्भरा के सौ द्वीप' (2022)
5. काव्य-संग्रह: काव्य-रश्मि (2018)
6. काव्य-संग्रह: 'छोड़ चले कदमों के निशाँ' (2020)
7. काव्य-संग्रह: 'प्रीत बसेरा'' (2020)
8. काव्य-संग्रह: षड्गंधा (2023)
9. शोध ग्रंथ:- 'रघुवीर सहाय के गद्य में सामाजिक चेतना' (2017)
10. संस्मरण संग्रह: 'झरोखे' (2019)
11. लघुकथा-संग्रह: 'दूर्वादल' (2023)
12. कथा संग्रह: 'साँच की आँच' (2021)
13. कथा संग्रह: 'कुहासे के तुहिन' (2022)
14. कथा संग्रह: ''फ़िबोनाची वितान' (2024)
15. कथेतर गद्य: 'कथ्य-अकथ्य' (2022)
16. कथेतर गद्य: 'अश्रुत श्रव्य' (2023)
17. 'होनहार बिरवान': यू.ए.ई. के बालकवियों की हिंदी कविताओं का संग्रह (2021)
18. 'डॉ. अशोक कुमार मंगलेश : काव्य एवं साहित्य चिंतन' (2022)
19. 'सोच- हिन्दी इमाराती चश्मे से': यू.ए.ई. के प्रवासी भारतीय रचनाकारों का पद्य-गद्य

संकलन (2021)

20. 'अनन्य कृति यू.ए.ई.': यू.ए.ई. के रचनाकारों की रचनाओं का संकलन व संपादन, जुलाई 2023
21. 'यू.ए.ई. की चयनित रचनाएँ' – स्वर्ण सचान काव्यजग (यू.ए.ई. के कविताओं का संकलन-संपादन 2023, टैगोर विश्वविद्यालय, भोपाल से प्रकाशित)
22. 'अनन्य संचय यू.ए.ई.': यू.ए.ई. के 51 रचनाकारों की 100 रचनाओं का संकलन व संपादन, जुलाई 2024

प्रकाशित रचनाएँ :

1. यू.ए.ई. संस्कृति पर लेख: विदेश मंत्रालय भारत सरकार की स्मारिका के अतिरिक्त 'वीणा', 'हिंदुस्तानी भाषा भारती', 'गर्भनाल', 'श्री देशना', 'सौरभ' जैसी प्रतिष्ठित पत्रिकाओं में तथा 'सोच', पुस्तक में प्रकाशित

2. कविताएँ: 'हरियाणा प्रदीप' साहित्यिक पत्र, 'वसुंधरा पोस्ट' समाचार पत्र, 'मुक्तांचल', 'गृहस्वामिनी', 'साहित्य त्रिवेणी', 'अनुभूति', 'सौरभ', 'साहित्य कुञ्ज', 'लेखनी', 'इंडियन जर्नल ऑफ़ सोशल साइंसेज', 'सेतु', 'अनुकर्ष', 'हिंदी की गूँज', 'प्रणाम पर्यटन', 'प्रत्यूष' में प्रकाशित।

3. कहानियाँ: '12 वें विश्व हिंदी सम्मेलन के संदर्भ में विश्व हिंदी साहित्य' विश्व हिंदी सचिवालय मॉरीशस, 'शोध दिशा', 'इंद्रप्रस्थ भारती, 'वीणा', 'हिंदुस्तानी भाषा भारती', 'प्रणाम पर्यटन', 'दोआबा', 'गर्भनाल', 'परिकथा', 'समकालीन त्रिवेणी', 'साहित्य गुंजन', 'संगिनी', 'सृजन महोत्सव', 'कथारंग', 'विश्वरंग', 'इलैक्ट्रॉनिकी आपके लिए', 'अक्षरा', 'सरस्वती सुमन', 'साहित्य त्रिवेणी', 'साहित्य कुञ्ज', 'पुरवाई', 'वसुधा', 'निर्दलीय', 'सेतु', 'लेखनी', 'कथा समवेत', 'भारत दर्शन', 'नवचेतना', 'शब्द घोष', 'गृहस्वामिनी', 'सौरभ', 'इरा' में प्रकाशित, ('सरस्वती' में चयनित)

4. पुस्तक समीक्षाएँ: 'दोआबा' पत्रिका, 'संस्कार न्यूज़ समाचार-पत्र में पुस्तक 'डॉ. अशोक कुमार 'मंगलेश' : समग्र साहित्यालोचन', 'हिंदी बुनियाद', 'हिंद सागर' में प्रकाशित

5. प्रवासी साहित्य: कविताएँ 'मुक्तांचल' पत्रिका के 'प्रवासी कलम' कॉलम में प्रकाशित, प्रवासी संस्मरण 'भीगे पल की भीगी यादें' गर्भनाल पत्रिका के 'बतकही' कॉलम में प्रकाशित

6. संस्मरण: 'गर्भनाल', 'सिंगापोर संगम', 'विश्वरंग' पत्रिका, टैगोर विश्वविद्यालय में प्रकाशित

7. यात्रा संस्मरण: 'यूक्रेन', 'मोंटेनेग्रो', 'किर्गिज़्तान', 'मलेशिया' तथा 'ओमान' देशों का यात्रा वृत्तांत 'प्रणाम पर्यटन' में प्रकाशित, कीव यूक्रेन 'सौरभ' में प्रकाशित, 'मालदीव' यात्रा-संस्मरण 'हिंदी बुनियाद', 'नियागरा' यात्रा पत्रिका 'जय विजय', वाशिंगटन डी.सी. 'इरा' में प्रकाशित

8. अंग्रेज़ी आलेख: अंग्रेज़ी भाषा में खाड़ी देशों की साप्ताहिक पत्रिका 'फ्राइडे' में समय-समय पर प्रकाशित

9. आलेख: विदेश मंत्रालय भारत सरकार द्वारा 'विश्व हिंदी सम्मेलन फ़िजी 2023' के उपलक्ष्य में प्रकाशित की गई स्मारिका '12वाँ विश्व हिंदी सम्मेलन फ़िजी 2023', 'गर्भनाल', 'वीणा',

'हिंदुस्तानी भाषा भारती', 'सामयिक परिवेश', 'साहित्य त्रिवेणी', 'साहित्य का विश्वरंग', 'द पब्लिक', 'रचना उत्सव', 'विश्व हिंदी पत्रिका', 'राष्ट्रीय इस्पात सुगंध', 'प्रबोधिका', 'भोर', 'प्रत्यूष', 'सचिवालय दर्पण' जैसी प्रतिष्ठित पत्रिकाओं में तथा 'सोच' पुस्तक में प्रकाशित

10. शोध-पत्र: 'द्रष्टा', 'शोध दिशा', 'इंडियन जर्नल ऑफ़ सोशल कंसर्न्स' जर्नल, 'रामायण के मोती', 'पंचम अंतरराष्ट्रीय रामायण अधिवेशन', मासिक वेब पत्रिका 'इरा' में प्रकाशित

11. पुस्तक-भूमिका: पुस्तक 'शील कौशिक का काव्य और शिल्पबोध' की भूमिका का लेखन प्रकाशित, सुश्री मीरा ठाकुर का काव्य-संग्रह 'धूप-छाँव की दरी' की भूमिका, श्रद्धा शुक्ला की पुस्तक 'मौन घरौंदे' की भूमिका, डॉ. दिलबाग सिंह 'विर्क' के उपन्यास 'युगांतर' की भूमिका, डॉ. अशोक कुमार मंगलेश की 'खूँ : वैश्विक बंधुत्व का सेतु' पुस्तक पर फ़्लैप टिप्पणी तथा डॉ. सोमवीर सिवाच की 'डॉ. अशोक कुमार 'मंगलेश' का साहित्य सौरभ' पर फ़्लैप टिप्पणी, व्यास योगेश की 'थोड़ी कविता थोड़ा प्रेम पूरी राधा' काव्य-संग्रह की प्रस्तावना, अंग्रेज़ी में अनूदित पुस्तक 'सीक्रेट्स ऑफ़ हैप्पीनेस' की अंग्रेज़ी में फ्लैप टिप्पणी

12. लघुकथा: 'प्रणाम पर्यटन', 'संगिनी', 'साहित्य कुञ्ज', 'नव किरण', 'अनन्य यू.ए.ई.', 'सौरभ', 'लोकमत समाचार', 'जन टाइम्स', 'जय-विजय', 'लघुकथा दर्पण' में प्रकाशित

13. समाचार: 'वसुंधरा पोस्ट', 'इंदौर समाचार', 'दैनिक भास्कर', 'सिटी एयर न्यूज़', 'संस्कार न्यूज़', 'अमर उजाला', 'नवोदित प्रवाह', हिंदी समाचार-पत्र 'दैनिक सवेरा', पंजाबी समाचार-पत्र 'पंजाबी खबरसार', 'सच्ची खबर दैनिक' बरनाला, 'अजीत समाचार', 'पंजाबी जागरण', 'समाज वीकली न्यूज़ यू.के.', 'साहित्य सभा', 'गोल्ड स्टार', 'सतार फ़ॉक्स न्यूज़ पंजाब', 'डेली आशियाना', 'जन प्रसून' नौएडा से प्रकाशित हिंदी समाचार-पत्र, नई दिल्ली से प्रकाशित 'नेशनल एक्सप्रेस' तथा जयपुर के 'चित्रांश एक्सप्रेस' समाचार पत्र, बी.पी.एन. टाइम्स, 'हिंदुस्थान समाचार', 'इंडिया पब्लिक खबर', 'Live VNS', 'The Voice TV', बैंगलुरु से प्रकाशित 'हिंद सागर', 'दि ग्राम टुडे', 'इंदौर समाचार-पत्र', 'विनय उजाला', संस्कार न्यूज़ डिजिटल प्रपत्र व संस्कार न्यूज़ समाचार-पत्र, हिंदी दैनिक अमर सृष्टि, जय-विजय वेबसाइट, दैनिक मयूर संवाद (दिल्ली), दैनिक इंदौर समाचार (इंदौर), दैनिक कोलफील्ड मिरर (कोलकाता), दैनिक नई रोशनी (जम्मू)

14. रिपोर्ट: 'हिंदुस्तानी भाषा भारती' तथा 'अभिव्यक्ति' में प्रकाशित

15. बाल साहित्य: 'संगिनी', 'बाल किरण', 'नवचेतना' में प्रकाशित

16. अनुवाद: 'जल चालीसा' का अंग्रेज़ी अनुवाद

17. **साक्षात्कार:** हिन्दुस्थान समाचार न्यूज़ एजेंसी के उप समाचार संपादक सुनील सक्सेना द्वारा लिया गया साक्षात्कार 'युगवार्ता' पत्रिका में प्रकाशित, नई दिल्ली से प्रकाशित 'नेशनल एक्सप्रेस समाचार-पत्र, लखनऊ से प्रकाशित 'यूथ इंडिया' समाचार-पत्र, झाँसी से प्रकाशित बी.पी.एन. समाचार-पत्र, नोएडा से प्रकाशित 'जन प्रसून' समाचार-पत्र में प्रकाशित 14 सितम्बर 2023

18. **अन्य साक्षात्कार:** 'लेखनी 'इंग्लैंड, यू.के. में साक्षात्कार

सह-सम्पादित :

1. 'राम काव्य पीयूष' काव्य-संग्रह (श्री राम चरित भवन, ह्यूस्टन, यू.एस.ए.)

2. 'कृष्ण काव्य पीयूष' काव्य-संग्रह (श्री राम चरित भवन, ह्यूस्टन, यू.एस.ए.)
3. **'**सोच- हिन्दी इमाराती चश्मे से' (डीकॉम डिज़ाइन कम्पनी, दुबई, यू.ए.ई.)
4. 'सामयिक परिवेश' अप्रवासी भारतीय विशेषांक मार्च 2021
5. 'इंडियन जर्नल ऑफ़ सोशल कंसर्न्स', रिसर्च जर्नल ऑफ़ ह्यूमैनिटीज़ एंड सोशल साइंसिज अंक 44 से 56
6. 'भारत काव्य पीयूष' काव्य-संग्रह (श्री राम चरित भवन, ह्यूस्टन, यू.एस.ए.)
7. 'वैश्विक लघुकथा पीयूष' (वैश्विक हिंदी संस्थान, ह्यूस्टन, यू.एस.ए.) 2024

साझा-संग्रह :

1. 'सीप में समुद्र' लघुकथा संग्रह (अयन प्रकाशन)
2. 'राम काव्य पीयूष' काव्य-संग्रह (श्री राम चरित भवन)
3. 'कृष्ण काव्य पीयूष' काव्य-संग्रह (श्री राम चरित भवन)
4. 'रामायण के मोती' आलेख-संग्रह (श्री राम चरित भवन)
5. 'माँ' काव्य-संग्रह (साहित्यपीडिया पब्लिशिंग)
6. 'कोरोना' काव्य-संग्रह (साहित्यपीडिया पब्लिशिंग)
7. '21 श्रेष्ठ युवामन की कहानियाँ' कहानी-संग्रह (डायमंड बुक्स)
8. 'मेरे पापा' काव्य-संग्रह (पांखुरी प्रकाशन)
9. 'राम हाइकु पीयूष' (श्री राम चरित भवन, ह्यूस्टन)
10. 'भारत काव्य पीयूष' काव्य-संग्रह (वैश्विक हिंदी संस्थान, ह्यूस्टन, यू.एस.ए.)
11. 'कथारंग' सृजन वार्षिकी (गायत्री प्रकाशन) 2021
12. 'कवियों पर कविता' संग्रह तंज़ानिया से प्रकाशित (डॉ. ममता सैनी के संपादन में)
13. 'रिश्ता' लघुकथा संग्रह (डॉ. दिनेशमणि त्रिपाठी द्वारा संपादित)
14. 'विवशता' कहानी संग्रह (डॉ. प्रवेशकारी द्वारा संपादित)
15. 'कथाकार' कहानी-संग्रह (नोशनप्रेस द्वारा प्रकाशित)
16. कथारंग 2022 : देश-देशांतर की कहनियाँ और विमर्श में 'फ़िबोनाची प्रेम' कहानी पर विमर्श (हंस प्रकाशन)
17. 'बिटिया की पाती बाबुल को' पत्र-संकलन, डॉ. सूरज सिंह नेगी के संपादन में
18. 'डाकिए को पत्र' पत्र-संकलन, डॉ. सूरज सिंह नेगी के संपादन में
19. 'लिख दूँ पाती यादों के गलियारे से' पत्र-संकलन, डॉ. सूरज सिंह नेगी के संपादन में
20. 'कथारंग' आज़ादी के अमृत-काल को सहेजे साहित्य-वार्षिकी (गायत्री प्रकाशन) 2022-23
21. 'साहित्य स्वर' भारत-दुबई साझा संकलन (शुभ-संकल्प प्रकाशन)
22. पंचम अंतरराष्ट्रीय रामायण अधिवेशन में शोध-पत्र सम्मिलित (श्री राम चरित भवन, ह्यूस्टन)
23. 'दुबई में हिंदी' डॉ. जे.के. डागर व डॉ. सुधीर शर्मा द्वारा संपादित पुस्तक में 3 कविताएँ
24. 'शब्द की हाँडी में संवेदनाएँ' स्नेह गोस्वामी द्वारा संपादित पत्र शैली की लघुकथा में

'गोधूलि की बेला'

25. 'आओ सुनो कहानी' निवेदिता चक्रवर्ती के संपादन में युगानुगूँज द्वारा प्रकाशित 2 बाल-कथाएँ 'पक्का रंग' व 'भूखा बस्ता' जनवरी 2024
26. 'विश्व में हिंदी' टैगोर विश्वविद्यालय भोपाल, डॉ. जवाहर कर्णावट द्वारा संपादित, 'श्येन परों पर ठहरी हिंदी' 2023
27. 'धारा के विरुद्ध' बलजीत भारती द्वारा संपादित लघुकथा-संग्रह में 5 लघुकथाएँ
28. 'इंद्रधनुष के सप्त रंग' बलजीत भारती द्वारा संपादित कविता-संग्रह में 10 कविताएँ
29. 'दरख़्त-ए-ज़र्द', ऋतु शर्मा नंनन पांडे द्वारा संपादित में 5 कविताएँ
30. '21वीं सदी के 2121 कवि' राजभाषा पर कविता-संग्रह (कलम की सुगंध), संपादक संजय कौशिक
31. 'मन का मनका फेरते' अयन प्रकाशन में 10 दोहे, संपादक डॉ. इंदु गुप्ता
32. 'माई को पत्र' पत्र-संकलन, डॉ. सूरज सिंह नेगी के संपादन में
33. 'प्रवासी हिंदी गूँज उठी' में भारत पर कविता, संपादन- रमा पूर्णिमा शर्मा
34. 'प्रवासी अमृतांजलि' में कविताएँ, संपादन- डॉ. दुर्गा सिन्हा 'उदार' व चित्रा गुप्ता

सम्मान व पुरस्कार :

1. 'आप्रवासी हिंदी साहित्य सृजन सम्मान' व 2000 डॉलर की राशि महात्मा गाँधी संस्थान, मोका मॉरीशस, भारत व मॉरीशस सरकार द्वारा संयुक्त, 8 मार्च 2023
2. 'प्रवासी महाकवि प्रो. हरिशंकर 'आदेश' स्मृति साहित्य सम्मान' (निर्मला स्मृति साहित्यिक संस्था द्वारा) 5 सितम्बर 2022
3. 'काव्य विभूषण' सम्मान (वैश्विक हिंदी संस्थान, ह्यूस्टन, यू.एस.ए. द्वारा) 10 जनवरी 2023
4. 'अक्षरवार्ता अंतरराष्ट्रीय शोध साहित्य उत्कृष्ट अवार्ड 2023' (कृष्णबसंती शैक्षणिक एवं सामाजिक जनकल्याण समिति, उज्जैन, मध्य प्रदेश) 10 अगस्त 2023
5. 'छत्तीसगढ़ मित्र अंतरराष्ट्रीय हिंदी सम्मान' (छत्तीसगढ़ मित्र, शोध प्रकल्प, राष्ट्रीय हिंदी अकादमी, मणिबेन नानावटी महिला महाविद्यालय, मुंबई) 14 सितम्बर 2023
6. 'आचार्य श्री सम्मान' (रेडियो मेरी आवाज़ द्वारा ग्लोबल अवार्ड), 8 अक्तूबर 2023
7. 'श्री रघुवीर सहाय सक्सेना स्मृति सम्मान' ('कलम प्रिया लेखिका साहित्य संस्थान' जयपुर द्वारा 'स्मृति सम्मान योजना') उपन्यास 'निर्जल सरसिज' को व राशि ₹ 2100/-, 14 अक्तूबर 2023
8. 'स्व. रामेंद्र तिवारी सम्मान' (कादम्बरी, संस्कारधानी अंतरराष्ट्रीय सांस्कृतिक एवं सामाजिक संस्था, जबलपुर) तथा ₹ 5000/- की राशि समग्र लेखन के लिए, 4 नवम्बर 2023
9. रंग राची सम्मान (शब्द शक्ति साहित्यिक संस्था द्वारा) 30 अक्तूबर 2022
10. 'शिक्षा रत्न' सम्मान (रेडियो मेरी आवाज़) 12 अक्तूबर 2022

11. 'हिंदी शिक्षक सम्मान' ('हिंदुस्तानी भाषा भारती' अकादमी, दिल्ली द्वारा अंगवस्त्र एवं सम्मान-समारोह दुबई)
12. 'शब्द शिल्पी भूषण सम्मान' (इंस्टीट्यूट ऑफ़ मैनेजमेंट एंड टैक्नोलोजी, उत्तर प्रदेश भाषा संस्थान लखनऊ, इंडियन जरनल ऑफ़ सोशल कंसर्न्स द्वारा प्रदत्त) 13 अगस्त 2022
13. 'प्रज्ञा सम्मान' (प्रज्ञा साहित्यिक मंच रोहतक द्वारा प्रदत्त) 23 अगस्त 2022
14. 'निर्मला स्मृति हिन्दी साहित्य रत्न सम्मान' (निर्मला स्मृति साहित्यिक संस्था द्वारा) 25 सितम्बर 2021
15. 'प्रवासी भारतीय समरस श्री साहित्य सम्मान' (समरस संस्थान अंतर्राष्ट्रीय साहित्य सृजन द्वारा) 11 मार्च 2021
16. 'शब्द निष्ठा सम्मान' आचार्य रत्न लाल विद्यानुग स्मृति अखिल भारतीय संस्थान 9 अप्रैल 2022
17. 'शब्द निष्ठा सम्मान' आचार्य रत्न लाल विद्यानुग स्मृति अखिल भारतीय संस्थान 18 जुलाई 2023
18. 'भारत माता अभिनंदन सम्मान' भारत माता अभिनंदन संगठन, भिवानी, हरियाणा द्वारा 2 अगस्त 2023
19. 'काव्य महारथी सम्मान' सामयिक परिवेश अंतरराष्ट्रीय संगठन द्वारा सामयिक परिवेश अंतरराष्ट्रीय पत्रिका में योगदान के लिए, 2 नवम्बर 2022
20. 'हिंदी सेवी सम्मान' कलम की सुगंध विज्ञात प्रकाशन द्वारा, 14 सितम्बर 2023
21. विश्व हिंदी सचिवालय मॉरीशस में विश्वरंग 2024 के त्रिदिवसीय आयोजन में दूसरे दिन 'अभिमन्यु अनत कक्ष' में दुशाला, पुष्प व स्मृति चिह्न भेंट प्राप्त व सम्मान पत्र, 8 अगस्त 2024
22. विश्व हिंदी सचिवालय मॉरीशस में विश्वरंग 2024 के त्रिदिवसीय आयोजन में तीसरे दिन मुख्य सभागार में मॉरीशस के पर्यटन विभाग द्वारा स्मृति चिह्न भेंट प्राप्त, 9 अगस्त 2024
23. 'शुभ संकल्प एवं हुनर फ़ोक्स एकेडेमी' द्वारा सम्मानित 16 मार्च 2023
24. निर्दलीय संस्था के 51वें साहित्योत्सव में 'अंतरराष्ट्रीय साहित्य सम्मान' 7 जुलाई 2024
25. 'सर्वश्रेष्ठ सम्पादकीय योगदान सम्मान' श्री राम चरित भवन ह्यूस्टन, यू.एस.ए. 3 अक्तूबर 2022
26. भारतीय दूतावास, आबुधाबी द्वारा प्रशस्ति पत्र
27. भारतीय कौंसलावास दुबई द्वारा प्रशस्ति पत्र (3)
28. भारतीय दूतावास आयरलैंड द्वारा शुभकामना पत्र
29. वर्ल्ड बुक ऑफ़ रिकॉर्ड्स लंडन द्वारा प्रशस्ति पत्र
30. यू.ए.ई. के 'समुदाय विकास मंत्रालय' की ओर से 'सीनियर सिटिज़न हैप्पीनेस सेंटर' अजमान में 4 अक्तूबर को आयोजित 'अंतरराष्ट्रीय वयोवृद्ध व्यक्ति दिवस' के अवसर पर विशेष प्रतिभागिता प्रमाण-पत्र
31. दुबई सरकार द्वारा विश्वस्तरीय महायोजन 'एक्सपो 2020' में भारतीय मंडप की संस्कृति प्रतिस्पर्धा में प्रथम स्थान पर भारतीय मंडप द्वारा प्रणाम-पत्र

32. अंतर्राष्ट्रीय काव्य प्रेमी मंच द्वारा प्रशस्ति-पत्र
33. वैश्विक हिंदी संस्थान ह्यूस्टन, यू.एस.ए. द्वारा प्रशस्ति-पत्र
34. विश्व हिंदी संगठन, नई दिल्ली द्वारा मुख्य अतिथि व्याख्यान देने के लिए प्रशस्ति-पत्र, 30 अप्रैल 2024
35. रेडियो 'मेरी आवाज़' ओमान व यू.एस.ए. द्वारा 101 प्रभावशाली महिलाओं की सूची में स्थान व प्रशस्ति-पत्र
36. 'शैक्षिक आगाज' तथा 'लिटिल हैल्प ट्रस्ट' द्वारा नारी-सशक्तिकरण में योगदान के लिए प्रशस्ति-पत्र
37. 'नवचेतना' अंतर्राष्ट्रीय समूह दोहा, कतर द्वारा सम्मान-पत्र
38. बालसाहित्य संस्थान, अल्मोड़ा, उत्तराखंड द्वारा 'विश्व मैत्री दिवस' पर सम्मान-पत्र
39. 'शेयर योर ह्यूमैनिटी वैश्विक मंच' कतर द्वारा प्रशस्ति-पत्र
40. अंतर्राष्ट्रीय महिला दिवस' पर शुभ संकल्प द्वारा राष्ट्रीय अवार्ड से सम्मानित 16 मार्च 2023
41. नववर्ष के अवसर पर बाल प्रहरी संस्था के निमंत्रण पर विशिष्ट अतिथि की भूमिका निभाने पर सम्मान-पत्र
42. 'नारी शक्ति सम्मान', शुभ संकल्प समूह द्वारा, 6 मार्च 2024
43. 'उभरती लेखिका' हिन्दी साहित्य में योगदान के लिए दिल्ली प्राइवेट स्कूल, शारजाह द्वारा प्रदत्त पुरस्कार
44. उपन्यास 'कारागार' को मॉरीशस पुरस्कार 8 मार्च 2023
45. कहानी-संग्रह 'साँच की आँच' को शब्द निष्ठा पुरस्कार 2023
46. कविता 'माँ तुम मम मोचन' तथा 'तुम बिन जाऊँ कहाँ' साहित्यपीडिया द्वारा पुरस्कृत
47. कविता 'राधा का ध्यान योग' लड्डू गोपाल गोधाम द्वारा पुरस्कृत
48. कहानी 'फ़िबोनाची प्रेम' को शब्द निष्ठा सम्मान प्राप्त व नकद पुरस्कार
49. कहानी 'गजदंत' को कथा समवेत द्वारा 'माँ धनपती देवी स्मृति कथा साहित्य सम्मान 2023'
50. कहानी 'प्रत्यावर्तन' को वामा साहित्य मंच द्वारा 2023 के पूर्वार्द्ध में आयोजित 'डॉ. प्रेमकुमारी नाहटा कहानी प्रतियोगिता' सम्मान व 2000 रुपए का पुरस्कार, सूचना 6 दिसम्बर 2023, पुरस्कार समारोह 11 फरवरी 2024
51. कहानी 'श्याम वर्ण के दर्पण' को 'बिंज हिंदी' द्वारा नेशंल राइटिंग कॉम्पीटिशन में 500 कहानियों में से 26 के अंतर्गत चयनित एवं पुरस्कृत
52. कहानी 'संथारा उत्सव' साहित्यपीडिया द्वारा पुरस्कृत
53. बालकथा 'इल्ली और प्यूपा' नवचेतना अंतर्राष्ट्रीय पत्रिका दोहा, कतर द्वारा पुरस्कृत
54. 'चाय पर चर्चा' में 'विद्यार्थियों में कला शिक्षण की प्रासंगिकता' वार्ता एक्ट यूनिवर्सल ट्रस्ट द्वारा पुरस्कृत
55. कथा-दर्पण साहित्यिक संस्था द्वारा आयोजित लघुकथा प्रतियोगिता में 'सर्वे परिणाम' को प्रोत्साहन के साथ सम्मान-पत्र

56. ‘प्रणाम पर्यटन’ तथा ‘साहित्य गुंजन’ पत्रिका के मुख्य-आवरण पर चित्र प्रकाशित
57. ‘साहित्य अर्पण’ दुबई संस्था द्वारा प्रशस्ति पत्र
58. उत्तर प्रदेश भाषा संस्थान लखनऊ, इंडियन जरनल ऑफ़ सोशल कंसर्न्स से अंतर्राष्ट्रीय शोध -संगोष्ठी प्रमाण-पत्र
59. ‘स्वतंत्रता के अमृत महोत्सव’ पर काव्य चयन और वैश्विक हिंदी संस्थान द्वारा प्रशस्ति-पत्र
60. शुभ संकल्प द्वारा ‘महिला दिवस’ पर सम्मान
61. ‘माँ हिंदी परिवार’ की ओर से डॉ. पंकज साहिल द्वारा सम्मान-पत्र
62. ‘शेख खलीफ़ा अवार्ड’ में विद्यालय को योगदान पर प्रशस्ति पत्र
63. परम्परा 2011’ में उत्कृष्ट कार्य पर विद्यालय द्वारा प्रशस्ति पत्र
64. ‘परम्परा 2012’ में उत्कृष्ट कार्य पर विद्यालय द्वारा प्रशस्ति पत्र
65. ‘पर्यावरण संरक्षण’ विश्व स्तर में योगदान पर दुबई सरकार से 2013 में प्रशस्ति पत्र
66. ‘स्वच्छता अभियान’ 2011 में सहयोग के लिए एमिरेट्स एनवायर्नमेंट ग्रुप द्वारा प्रशस्ति पत्र
67. कम्यूनिटी डेवेलपमेंट मंत्रालय, अजमान द्वारा ‘अंतरराष्ट्रीय वरिष्ठ नागरिक दिवस’ पर हैप्पीनैस सेंटर, अजमान में विशिष्ट योगदान के लिए प्रशस्ति-पत्र, 4 अक्तूबर, 2013
68. ‘पिंक वाकेथोन’ ब्रेस्ट कैंसर अवेयरनैस कार्यक्रम 2011 के लिए प्रमाण पत्र

विशिष्ट :

1. डॉ. आरती की पुस्तकों पर कीव यूक्रेन में शोध कार्य सम्पन्न

2. उपन्यास पर मॉरीशस में शोध प्रारंभ

2. पंजाब, हरियाणा, ओडिशा, हैदराबाद के विश्वविद्यालयों में शोधकार्य जारी

3. पुस्तक ‘डॉ. आरती ‘लोकेश’ की साहित्य सुरभि’, संपादक डॉ. पूनम अहलावत डॉ. उर्मिला देवी चौधरी द्वारा 2022 में प्रकाशित

4. कहानी ‘मोह का ताना-बाना’ का पंजाबी भाषा में अनुवाद एवं श्री तेजिंदर चंडिहोक जी की पुस्तक ‘रिश्तियाँ दे धरातल’ में शामिल

5. 'साँच की आँच', 'उफ़नता लावा', 'रविवार की वह शाम', 'चीरफाड़ वाली डॉक्टरनी' तथा 'फ़िबोनाची प्रेम' का यूक्रेनी शोध छात्रा दरीना द्वारा यूक्रेनी भाषा में अनुवाद

6. डॉ. दीपा रस्तोगी, डॉ. उर्मिला चौधरी, डॉ. प्रदीप श्रीवास्तव, डॉ. मनोज प्रीत, श्रीमान प्रेम विज, कौसर भुट्टो, डॉ. अरुण कुमार निषाद, श्री मुकेश दुबे द्वारा की गई पुस्तक-समीक्षाएँ ‘गर्भनाल’, ‘सामयिक परिवेश’, ‘अनन्य यू.ए.ई.’, ‘प्रणाम पर्यटन’, ‘समीक्षा के पल’, ‘दैनिक उत्तम हिंदू’, ‘सेतु’, ‘हस्ताक्षर’, ‘दस्तक दर्पण’ में प्रकाशित

मुख्य गतिविधियाँ :

1. ‘वागीश अंतरराष्ट्रीय संस्था’ यू.ए.ई. के अध्यक्ष के रूप में सम्मान व प्रकाशन योजना के अंतर्गत 5 पुस्तकों का प्रकाशन करवाया तथा 15 अन्य को 15000 की राशि भेंट की।
2. मुख्य अतिथि वक्तव्य ‘शोध प्रकल्प’, ‘राष्ट्रीय हिंदी अकादमी’, और मणिबेन नानावटी महिला महाविद्यालय मुंबई के संयुक्त तत्त्वावधान में ‘अंतरराष्ट्रीय हिंदी दिवस 2023’ के

अवसर पर 'हिंदी उत्सव एवं अंतरराष्ट्रीय संगोष्ठी' में उद्बोधन

3. विशिष्ट अतिथि : गुरु काशी विश्वविद्यालय में हिंदी दिवस तथा अंतर्राष्ट्रीय संगोष्ठी
4. मुख्य अतिथि : 'ग्लोबल टीचर्स अवार्ड' कार्यक्रम, रेडियो मेरी आवाज़ द्वारा
5. मुख्य अतिथि : 'काव्य विविधा' व 'काव्य कलश' पुस्तक विमोचन उत्सव
6. मुख्य अतिथि : 'प्रीत साहित्य सदन' काव्य गोष्ठी
7. विशिष्ट अतिथि : 'ग्लोबल हिंदी फ़ाउंडेशन' सिंगापोर में विश्व पर्यावरण दिवस पर, 'अपेक्षाओं के बियाबान' विमोचन पर, 'महिला काव्य मंच' दुबई इकाई की काव्य-गोष्ठी, निशा गिरी की पुस्तक 'यशस्वी भव' के विमोचन उत्सव पर, स्वतंत्रता दिवस 2023 के अवसर पर अंतरराष्ट्रीय बहुभाषी सम्मेलन
8. अतिथि वक्ता: उत्तर प्रदेश भाषा संस्थान तथा 'इंडियन जर्नल ऑफ़ सोशल कंसर्न्स' के अंतर्राष्ट्रीय अधिवेशन में अतिथि वक्तव्य
9. अध्यक्षता : यू.ए.ई. के राष्ट्रीय दिवस पर 'तहबीब' त्रिदिवसीय कार्यक्रम में मुख्य अतिथि श्री जावेद अख्तर के समक्ष हिंदी सत्र की 3 दिसम्बर 2023 को अध्यक्षता
10. अध्यक्षता : साझा संसार नीदरलैंड्स की पहल द्वारा आयोजित 'प्रवास : मेरा नया जन्म' की अध्यक्षता, 14 अक्टूबर 2023
11. अध्यक्षता : डॉ. रमेश पोखरियाल 'निशंक' के काव्य-संग्रह 'कोई मुश्किल नहीं' पर साहित्य वार्ता कार्यक्रम में अध्यक्षता
12. अध्यक्षता : पाती मुहिम द्वारा प्रकाशित 'यादों के गलियारे से' पुस्तक के विमोचन पर अध्यक्षीय वक्तव्य, 25 फरवरी 2024
13. विशिष्ट वक्तव्य : पूर्व केंद्रीय शिक्षा मंत्री डॉ. रमेश पोखरियाल निशंक जी के रचना संसार पर 1-2 मई 2023 को ऋषिकेश में आयोजित दोदिवसीय अन्तरराष्ट्रीय संगोष्ठी व सम्मेलन में ऑनलाइन सत्र में स्याही ब्लू और हिमालय बुक ट्रस्ट के सद्प्रयासों से मिले 'वर्ल्ड बुक रिकॉर्ड' और 'हार्वर्ड वर्ल्ड रिकॉर्ड' की उपलब्धि का जश्न मनाते हुए डॉ. विवेक मणि त्रिपाठी जी के संयोजन में वक्तव्य
14. भारतीय कौंसलावास तथा 'एक्ट यूनिवर्सल' द्वारा आयोजित 'भारत पर्व' 75वें गणतंत्र दिवस के उद्घाटन समारोह 26 जनवरी तथा समापन समारोह 1 मार्च 2024, विशिष्ट अतिथि के रूप में उद्बोधन
15. विश्व हिंदी सचिवालय मॉरीशस में विश्वरंग 2024 के त्रिदिवसीय आयोजन में दूसरे दिन 'अभिमन्यु अनत कक्ष' में 'विश्व में हिंदी' परिचर्चा में यू.ए.ई. में हिंदी पर वक्तव्य, 8 अगस्त 2024
16. विश्व हिंदी सचिवालय मॉरीशस में विश्वरंग 2024 के त्रिदिवसीय आयोजन में तीसरे दिन 'बनमाली कक्ष' में 'अंतरराष्ट्रीय हिंदी केंद्र' तथा 'प्रवासी साहित्य शोध केंद्र' भोपाल के आगामी कार्यक्रमों तथा संभावनाओं पर परिचर्चा, 9 अगस्त 2024
17. 'भारत उत्सव' 2024 दुबई यू.ए.ई. में होटल मैट्रोपॉलिटन के सभागार में भारत-यू.ए.ई. संबंधों और भारतीय संस्कृति का यू.ए.ई. समाज पर प्रभाव जैसे विषयों पर साहित्यिक-

वैचारिक चर्चाएँ, 16 अगस्त 2024

18. आयोजक के रूप में अंतरराष्ट्रीय साहित्य सम्मेलन, दुबई में स्वागत भाषण, 10 अगस्त 2023
19. World of Children's literature, art & culture द्वारा आयोजित बाल साहित्य वर्तमान और भविष्य विचार-विमर्श पर वक्तव्य
20. 'भारत उत्सव' दुबई 13 अगस्त 2023 को साहित्य के वर्तमान व भविष्य पर परिचर्चा में उद्बोधन
21. 'भारत उत्सव' दुबई 14 अगस्त 2023 को साहित्य व ललित कलाओं के महत्त्व पर परिचर्चा में उद्बोधन
22. विशिष्ट अतिथि, ग्लोबल टीचर्स अवार्ड, रेडियो मेरी आवाज़ द्वारा आयोजित में अध्यापकों को उद्बोधन, 8 अक्तूबर 2023
23. विशिष्ट अतिथि, दिनकर की याद में 'अंतरराष्ट्रीय साहित्य संगम' द्वारा काव्यांजलि, 30 सितम्बर 2023 एवं 18 फरवरी 2024
24. विशिष्ट अतिथि, 'अंतरराष्ट्रीय साहित्य संगम' द्वारा अंतरराष्ट्रीय कवि सम्मेलन, 28 जुलाई 2024
25. मुख्य कवयित्री: 'समरस संस्थान अंतर्रराष्ट्रीय' श्री मुकेश व्यास के मंच पर, 'विशेष वार्ता' प्रीति के साथ, 'मन के भाव' कार्यक्रम साहित्य अर्पण द्वारा, 'द न्यू भारत' टी.एन.बी. चैनल, 'अंजुमन-ए-पाँखुड़ी' अंतरराष्ट्रीय मंच कुवैत, काव्य संवाद के रंग प्रवासी भारतीय संग, संगीता चौबे द्वारा लेखकीय यात्रा संबंधी भेंटवार्ता, 'नई कलम नया कलाम' 12 मई 2023, प्रफुल्ल पांड्या द्वारा आयोजित, निशा गुप्ता 'अतुल्य' द्वारा संचालित लेखकीय वार्ता व एकल काव्य पाठ
26. वर्ल्ड रिकार्ड ऑफ़ लंडन में दर्ज 'द मैजिकमैन एन चंद्रा फाऊंडेशन' के महाकवि गुलाब खंडेलवाल स्मृति साहित्योत्सव सत्र-33 में 23/5/2023 को 15 मिनट कविता पाठ
27. मुख्य कविता पाठ : भारतीय कौंसलावास दुबई द्वारा आयोजित 'विश्व हिन्दी दिवस' पर हिन्दी विषय पर कविता पाठ
28. निर्णायकीय कार्य: एम्बैसेडर स्कूल दुबई, जेम्स मॉडर्न एकेडमी दुबई, एम्बैसेडर स्कूल शारजाह, भारतीय विद्या भवन आबुधाबी के 'भवन्स' की अंतर्विद्यालय प्रतियोगिता में निर्णायक
29. अथक चेष्टा ट्रस्ट यूनिवर्सल' संस्था द्वारा आयोजित बालकों की अंग्रेज़ी प्रतियोगिता के अंतिम चक्र में निर्णायक
30. टी. एन. बी. न्यूज़ चैनल पर शिक्षक दिवस पर वार्ता
31. टी.बी.एन. न्यूज़ चैनल पर 'हिंदी दिवस' पर वार्ता
32. प्रेमचंद जयंती के पुनीत अवसर पर देखिए 'द न्यू भारत' द्वारा आयोजित प्रेमचंद संगोष्ठी शृंखला के सत्र 3 में मुख्य वक्ता
33. 30 देशों की यात्रा

34. 35 विभिन्न कार्यक्रमों का आयोजन
35. 20 विभिन्न कार्यक्रमों में मंच संचालन
36. 50 से अधिक विभिन्न मंचों पर कविता पाठ
37. 20 अंतर्राष्ट्रीय मंचों पर कहानी/गद्य पाठ
38. 20 प्रसिद्ध महानुभावों के साक्षात्कार
39. 5 कार्यक्रमों में शोध-पत्र/समीक्षा वाचन
40. 6 से अधिक पुस्तकों की प्रूफ़ रीडिंग

लेखक पेज : https://www.amazon.com/author/drartilokesh
https://notionpress.com/author/314504

कविता कोश : Kavitakosh.org/kk/आरती_'लोकेश'
51 से अधिक कविताओं को कविता कोश में स्थान

यूट्यूब कथाएँ : फ़िबोनाची प्रेम - https://youtu.be/-_-OPkKVQgI
तितली और ततैया - https://youtu.be/_CXUrb5wnSc
साँच की आँच - https://youtu.be/OcA4fvBPmy8
प्रशस्ति पत्र - https://youtu.be/ntCcswrDWNs
आधी माँ अधूरा कर्ज - https://youtu.be/iJslcNSbYOk
संथारा उत्सव - https://youtu.be/vQ5BJLgjdGk
छठी इंद्री - https://youtu.be/ylUALTdGdjw
डोर के दो छोर - https://youtu.be/y4iiokxNpyM
गजदंत - https://youtu.be/R7CCt0nvxW8

फेसबुक : https://www.facebook.com/arti.goel.lokesh

संपर्क : arti.goel@hotmail.com; arti.goel1@gmail.com

वर्तमान : Dubai. U.A.E.

स्थायी पता : यमुना विहार, दिल्ली 110053